과학과 종교

종교는 비과학적이라는 말로 대변할 수 있다. 또한, 구세대 지혜의 대표로 생각하여 버리든지 아니면 멀리해야 할 것이다. 그러나 과학은 신세대의 지식을 대표하는 것으로 무조건 받아들여야 한다는 생각, 즉 과학이 모든 것을 해결한다. 이것은 절대적이라고 믿기 때문에 무슨 일이든지 과학적으로 보고, 생각하고, 행동해야 한다고 생각한다.

그러나, 현실적으로 인간은 그렇게 과학적이지 못하기 때문에 종교는 비합리적이고 불합리하다고 말을 하면서도 종교로부터 좀처럼 벗어나지 못하고 있다.

지성적 측면에서는 어떨지 모르겠지만, 종교와 과학은 공존할 수 없고 대립하는 것이라 생각해도 어쩔 수 없을 것이다. 그러나 현실은 그렇지 않고 공존해 있는 것처럼 보인다. 그러면 과학과 종교의 불가사외하고 불가능한 관계를 어떻게 이해할 것인가?

양자의 관계를 해명한 여러 학설도 많다. 이 대부분은 구체적 사항을 언급하고 있다. 즉, 숲과 숲에 있는 나무들로 비유하자면, 나무만에 초점을 두었다는 것이다. 그러나 이 책에서는 이 관계를 철학적으로 해명하는 것을 목적으로 한다. 숲과 그 숲의 나무들로 비유하면 숲 전체를 보고 생각해보려고 한다.

과학과 종교

나이토 마사도시 지음 | 김현 옮김

대양미디어

번역을 하면서
· · · · · · · · · ·

나이토 마사도시內藤正俊 원작가
는 일본사람으로 한국을 많이 알고 한국을 너무 좋아하는
지한파知韓派의 한사람이다. 한국에 번역 책도 많이 나와 있
다. 수차 한국을 다녀갔고 동남아시아도 많이 왕래하는 목
회자이다.

그는 대학을 다닐 때 철학을 전공하여 목사가 되어 활동
중이다.

일본에서 두 번째 가는 도시 오사카 노동자들이 많이 사
는 덴노지天王寺 가마가사끼釜ヶ崎 에 있는 한국인 교회에 일
주일에 한 번씩 노숙자들과 예배를 드리고 식사를 제공하고

있다.

　가마가사끼란 곳은 오사카에서 노동자들이 모여 사는 곳이다. 노동자 중에서도 일일 노동자들이 많다. 다시 말해서 노숙자들이 집단 모여 있는 곳이다. 한국인 교회라 교포도 많이 예배드리고 있다. 가장 가난한 사람들과 외국인들을 위하여 이런 곳에서 사역을 하고 있는 나이토 마사도시 목사이다. 그의 목회 교회는 오사카에서도 2시간 거리인 효고켄 카가도란 소도시 호덴寶殿イェス 예수교회이다.

　그의 목회 철학을 들어보면 일본의 전통교회 목사들과는 다르게 항상 성령 충만을 강조하며 학문적으로 신학을 한 자들보다 신학을 하지 않고도 더욱 은혜스럽게 목회하는 자가 많다는 것이다. 그의 말을 들어보면 그럴듯하다. 사명감 없이 신학을 하고 목회를 하니 직업인의 냄새가 짙다고 강조한다. 진정 사명감을 가지고 목회를 해야 하고 하나님께 성령을 충분히 받고 성령의 불타는 목사가 되어야 생명을 구원시킬 수 있다고 말한다. 많은 면에서 긍정이 간다.

　그는 이번에 출간하는 『과학과 종교』는 오늘날 과학 만능 시대의 적당한 말이다. 과학이 아무리 발전해도 과학 위에는 조물주가 주관하고 있다. 더 빨리 더 정확성을 추구하는 과학도 인간이 만들었으며, 피조물인 인간은 결국 조물주가 만든 작품이다.

번역에 있어서도 일본어를 한국어로 쉽게 번역하도록 노력했으나 매끄럽지 못한 분야가 있다. 가급적이면 원작의 의도를 내포하고자 했다. 또는 일본어에 한자漢字를 한국어 한자에 맞춰 번역하다 보니 문맥이 좋지 못한 곳도 양해 바란다.

끝으로 이 책을 출판해주신 대양미디어 사장과 직원들에게 사의를 드리는 바이다.

김 현 옮김

『과학과 종교』 출판에 즈음하여 ······

        하나님이 지으신 천지 만물 가운데는 보이는 것보다 보이지 않는 것들도 더 많이 존재한다.

    그리고 보이는 것보다는 보이지 않는 것(공기, 생명, 시간 등)이 중요한 것이다. 과학이란 보이지 않는 영원한 실존인 하나님의 존재를 확인시켜주는 것이다. 인간이 무한한 창조의 세계를 다 이해할 수 없으니까 극히 제한적인 부분이나

마 인간들이 납득하기 쉬운 방법으로 보이고 섭리하고 있다. 과학이란 하나님의 실존을 인식시켜주는 하나의 도구인 것이다. 예를 들어 허블 우주망원경을 개발, 지상 600㎞ 상공의 궤도상을 주유하면서 무한한 우주의 신비를 조금이나마 밝혀 인간들에게 창조세계의 신비와 경외감을 잊지 않도록 하는 것이다. 최근 우리가 매일 같이 이용하는 텔레비전, 휴대전화의 시청 통화는 눈에 보이지 않는 전리층을 창조주 하나님이 이미 창조해 놓으셨기 때문이다.

한가지 놀라운 사실은 스마트폰으로 세계를 지배하는 애플의 주인공 스티브 잡스는 과학자가 아니다. 하나님을 잘 아는 철학자이다. 그가 하나님의 지혜를 받은 자와 받지 않은 자의 차이일 뿐이라고 단언했다. 세계의 과학은 하나님의 존재를 아는 자들이 주인공이고 달의 세계를 정복한다. 모두가 하나님이 택한 백성 유대인들이다. 세계의 석학자들 노벨 수상도 그렇다.

나이토 마사도시內藤正俊의 『과학과 종교』의 내용이 바로 인간은 인간이고 절대주의 하나님의 섭리에 모두가 움직였다고 메시지를 던졌다. 인간의 두뇌도 하나님의 존재를 인식하는데 과학이 따른다고 말한다. 과학이 결코 신을 버리는 것이 아니다. 신을 버린다고 하면은 잘못된 것이다.

이와 같이 인간이 개발한 과학적 산물인 도구를 통해 보이진 않는 하나님의 존재를 알 수 있다. 롬 1:20 창세로부터 그의 보이지 아니하는 것들 곧 그의 영원하신 능력과 신성이 그 만드신 만물에 분명히 보여 알게 되나니 그러므로 저희가 핑계치 못할지니라고 기록되어 있다.

강판국姜判國
히로시마 현립대 명예교수
히로시마 한국인 교회 명예 장로

들어가며
·
·
·
·
·
·
·
·
·
·
·
·
·

우리는 현대 과학에 매우 많은 도움을 받고 있으며, 행복을 누리고 있다. 물론 모든 것이 그렇다고 할 수는 없을 것이다. 물건에 따라서는 과학적으로 만든 것이 품질이 더 안 좋은 경우도 있다. 화학적으로 만든 술이나 양식 장어를 예로 들 수 있다. 화학적 처리에 의해 빨리 만들어진 것은 천연(자연)산보다 맛이 떨어진다.

또한, 과학은 일정한 가정하에 놓여 인류학에 따르면, 인간은 원숭이로부터 진화했다고 하지만, 이를 설명하는 것은 매우 힘들 것이다. 진화론도 신앙에 가깝다. 즉, 가설의 가설에 의해 겨우 이 가설을 설명하고 있다. 과학이라는 것은 발달한다. 이를 위해 지금까지 정답이라고 생각해 온 가설이 근본부터 틀리게 되는 것도 있다.

그러나, 근본은 가설이지만 과학은 현실적으로 힘을 가지고 있다. 많은 사람은 이 과학의 힘에 감사하고, 이용하고, 압도되기 때문에 과학 자체가 가지는 근본적 의문을 감지 못하고 있다.

그러나 현대인은 과학의 필요성을 점점 더 통감하는 반면, 과학에 대해 매우 회의적인 입장이 되고 있다. 이러한 상태가 되면, 과연 과학이 인간을 행복하게 만들 수 있는가에 의문을 가지게 된다.

너무 과학이 발달하면 기계가 인간을 지배하는 것이 아닐까? 원자력을 인간이 어떻게 사용할 것인가? 이 사용법을 조금이라도 잘못하면 인류에 최대 불행을 안겨다 줄 것이 아닌가? 또한, 모든 것이 감정을 가지지 못한 기계적으로 되어 생활에 인간미가 없다고 슬퍼하는 사람도 증가하고 있는 것 같다. '달이 파랗기 때문에 돌아가자'는 정서가 없어지는 것이다. 이처럼 한탄하는 사람을 보면 과학에 대해 회의적으로 될 것이다.

나아가, 과학에서도 해결되지 못하는 많은 문제가 있다. 무엇 때문에 인간은 살아가는가? 인간은 어떻게 살아가야 하는가? 어떤 삶이 올바른 것인가? 라는 문제나 인간의 죽음에 대한 문제 등이 대표적일 것이다. 그러면 왜 과학이 해결할 수 없는가?

　'살기 위해 먹는가?' '먹기 위해 사는가?' 여러분, 이것도 큰 문제일 것이다.

차례

어떻게?
(목적과 수단)

카메라와 자동차

어떻게?(수단과 목적)

질그릇 가운데서도 작은 한 조각에 지나지 않으면서 자기를 지은이와 다투는 자에게는 화가 닥칠 것이다(이사야서 45장 9절).

만든 사람과 만들어진 것 어느 쪽이 위대한가? 말할 필요도 없이 만든 쪽일 것이다. 그러나 때에 따라서는 이것이 역전될 때가 있다. 그렇게 되면 위의 말씀처럼 화가 닥치고, 불행해지는 것은 당연하다.

그릇을 만들 때 물건을 넣는다는 목적이 있다. 이 목적은 제작하는 측에 있으며, 이 목적에 맞게(넣는다는 수단으로) 그릇을 만든다. 그리고 그릇이 목적에 맞아 도움이 되는 경우 '이것은 가치가 있다'라고 하여, 만들어진 것에 '의미가 있다'라는 것이 된다.

여기서 가장 중요한 것은 목적의 중요성이다. 목적이 있어야만 비로소 수단이 있는 것이다. 이 반대는 절대 없다는 것이다. 목적이 주인이고, 수단은 목적의 하수인인 것이다.

그러나 잘못된 사고에 인간이 사로잡히면, 하수인이 주인의 상전이 되어 주인에게 명령하게 된다. '하나를 알면 열을 알듯이' 밑에 있어야 하는 것이 위로 가고, 위에 있어야 하는 것이 밑에 간다. 그렇게 되면 위에 있는 입에서 뭔가가 나오고, 밑의 엉덩이에 뭔가를 넣게 될 것이다. 모든 것이 반대가 되는 것이다. 그렇기 때문에 이 하극상이야말로 모든 불행의 시작이라고 할 수 있다. 이 첫 번째 시작은 자연, 우주 자체(만들어진 것)나 이 안에 존재하는 모든 것(모두 만들어진 것)을 신이라고 하는 것이다.

과학은 눈부시게 발전해왔다. 대표적인 상징이 기계의 발달이다. 이 때문에 '뭐든지 기계로 만들 수 있다'라고 생각하기 시작했다. 그러나 아무리 대단한 기계가 만들어져도 기계가 할 수 없는 일도 있다. 오히려 기계에 시켜서는 안 되는 일이 있다. 즉, 아무리 과학이 발달해도 절대로 불가능한 문제가 있다. 그것은 인간 삶의 목적에 대해서 아무런 답을 낼 수 없다는 점이다. 오히려 이러한 문제에 대해 과학은 침묵을 지켜야 할 것이다.

　구체적으로 말하면, 오늘날 대표적인 기계인 카메라와 자동차를 생각해보자.

　카메라도 발달해서 자동으로 초점을 맞추고, 촬영 속도나 광량(光量)도 자동으로 조정하는 등 여러 가지 기능이 자동화되어 누구나 촬영할 수 있다. 매우 잘 찍힌다. 어떤 때라도 깨끗하게 찍힌다. 이렇게 되면 뭐든지 찍을 수 있다, 뭐든지 할 수 있다고 생각하게 될 것이다. 그러나 '무엇을 찍을지? 어디를 찍을지?'까지 카메라가 결정하는 일은 절대 없을 것이다. 이는 어디까지나 카메라를 가진 인간이 결정하는 일이기 때문이다.

자동차의 발달도 훌륭하다. 고장이 적고, 속도도 빨라지고, 승차감도 좋아졌다. 사람이나 물건을 옮기는 일이라면 무엇이든지 할 수 있다. 핸들조차 없어져 운전도 자동화될지도 모른다. 그래서 무엇이든지 할 수 있다고 생각하게 될 것이다. 그러나 아무리 성능이 우수한 자동차라 해도 절대 못 하는 것이 있다. 자동차 자체가 목적지를 결정할 수 없을 것이다. 어디에 갈 것인가는 자동차에 탄 인간이 결정하기 때문이다.

내비게이션이라는 기계가 자동차에 달려있다. 목적지가 어디에 있고, 그 길을 안내해 준다. 그리고 자신의 차가 어디에 있는지도 가르쳐준다. 그러나 자신이 가야 할 장소, 있어야 할 위치까지는 가르쳐 주지 않는다. 즉, 아무리 자동차의 성능이 좋아지고, 내비게이션과 같은 장치가 달려 편리해졌다고 해도, 결코 자동화, 기계화가 할 수 없는 일이 있다. 자동차나 내비게이션이 운전하는 인간에 대해 '북쪽으로 가라, 남쪽으로 가지 마라' 등 명령을 할 수 없을 것이다. 이러한 일들은 '절대로 해서는 안 되는' 것이다.

여름방학이 되었다고 생각해보자. 그러면 바다로 갈지, 산으로 갈지 어디로 갈지 고민한다. 이때 자동차에 상담한다. 그러자 자동차에 장착된 컴퓨터나 내비게이션이 '올해는 산에 가는 사람보다 바다에 가는 사람이 많습니다'라고 가르쳐준다. 여기까지는 가능할 것이다. 그러나 이 이상 요구를 해도 '당신이 결정해야 할 것입니다'라고 주인에게 충실한 하수인의 대답을 할 것이다.

여기서 만약에 '모두가 바다로 갔기 때문에 당신도 바다로 가세요. 이것이 정답입니다' 등을 기계가 말한다면 정말 무서운 일이다. 인간이 기계를 조종하는 것이 아니라, 기계가 사람을 조종하는 것이다(여기서 제일 어리석은 결말이 핵전쟁일 것이다. 적도 죽겠지만 자신들도 죽을 것이다. 아니면 무기가 인간을 죽이는 것도 생각할 수 있다.). 과학의 발달은 생활에 편의를 준다. 그러나 '과학은 결코 인간의 삶을 결정할 수' 없을 것이다.

이는 '존재하다'를 무수히 모아도, '존재해야 한다'를 결정할 수 없기 때문이다.

그러나, 이 '존재하다'를 무수히 모아도, '존재해야 한다'를 결정할 수 없다는 당연한 일을 잘 모르는 사람들이 많다. 예를 들어 세계 모든 사람이 하고 있다. 그렇기 때문에 모든 사람과 같은 것을 하는 것이 올바른 것이다(반대로 같은 것을 하지 않으면 악이다.). 라고 당연하게 생각한다.

게다가 '전통에 따른 삶이 무엇보다 올바르다'라고 생각하는 사람은 어느 시대에나 있다. 또한, 역사를 연구하는 사람 중에는 고대부터 중세, 그리고 근대에 이르기까지 긴 역사를 믿어왔기 때문에 이것만으로도 올바른 일이라고 주장하는 사람이 끊임없이 나타난다. 어떠한 긴 전통(세상에 존재하다)이라고 해도, 모두가 하고 있다(어디에도 존재하다)고 해도 이것이 선악을 판단하는 기준이 되지 못한다. '존재하다'가 '존재해야 한다'가 되는 것이 아니다. 그렇게 되면 안 되는 것이다.

그렇게 되면 기존 사실의 축적을 인정하게 되는 것이다. '거짓말도 백 번 들으면 사실이라 생각한다'라는 말이 있다. 거짓말도 오랫동안 이어지면 '억지가 통하면 도리가 물러선다. 이치에 맞지 않는 일이 성행하면 도리에 맞는 일이 행해지지 않는다'라는 말과 같이 진실과 같은 양상을 보이는 일이 이 세상에는 있다. 그러나, 이는 진실로 위장을 계속하고 있어 사람들도 그렇게 착각하게 하는 것으로, 현실은 그렇게(존재해야 할 모습) 되어있지 않은 것이다. 볏짚을 아무리 모아도 기둥이 되지 못한다. 그러나 아무것도 모르는 사람들은 볏짚을 많이 모으면 기둥이 된다고 생각하고 있다.

어디로 가야만 하는가?

옛 노래에 '마음만 깨끗하면, 굳이 신에게 기도를 하지 않아도, 자연히 신의 가호가 있을 것이다'라는 말이 있다. 무엇보다 도리에 어긋난 일을 하지 않고, 성실하게 열심히 살면서 올바른 길을 걸었기 때문에 천국(극락)에 갈 수 있다고 생각하는 사람들이 많다.

그러나 오사카에서 도쿄까지 차로 이동할 때 서쪽으로 고속도로를 아무리 부지런히 가도 방향이 반대이기 때문에 도착지점으로부터 점점 멀어진다. 즉, 동쪽으로 향하지 않으면 목적지인 도쿄에 절대 갈 수 없다.

인생에도 정말 성실하게 열심히 노력해도 행복해지지 않

는다는 사람이 많다. 이것은 방향이 잘못된 것이다. 반대 방향으로 가면 아무리 훌륭한 사람이라도 행복과 연관이 없어진다.

어떻게 갈 것인가(수단)? 올바른 삶보다도 먼저 가야 할 방향, 목표가 중요하다. 전자가 좋게 하는 것이 과학이고, 후자의 방향을 정해주는 것이 종교이다.

어떻게 왔는가?

　　　　　　　　방향이 맞아 드디어 도쿄에 도착하게 된다. 그러면 친구가 '어떻게 왔냐?'고 물어볼 것이다. 이런 경우 대답하기 난처하다. 친구의 물음에서 세 가지 의미가 있을 수 있기 때문이다.

　첫 번째는 '어떻게 왔냐? 무엇 때문에 왔냐?'라는 의미

　두 번째는 '어떻게 왔냐? 뭘 타고 왔냐?'라는 의미

　세 번째는 '어떻게 왔냐? 안 와도 되는데'라는 의미

　부정적으로 생각하는 사람은 세 번째 의미로 생각할 것이다. 그리고 자신의 행동 자체가 부정당한 것 같다고 생각할 것이다. 보통 만났을 때 분위기가 좋으면 첫 번째와 두 번째

의 의미를 생각할 것이다. 첫 번째는 행동 목적을 묻는 것이고, 두 번째는 수단을 물은 것이다.

보통 이럴 때 상대가 어느 쪽 의미로 물었는지, 그때의 분위기나 상황에서 대략 파악하여 답변할 것이다. 만약 답변이 틀렸다면 재차 물어보고 대답할 것이다. 그러나 상대가 잘 말하지 않는 사람인 경우 자신이 멋대로 첫 번째나 두 번째 의미로, 혹은 둘 다 포함해 자신이 대답하기 좋은 쪽으로 해석하여 대답할 것이다. 이때 올바른 대답을 했다고 자기만족도 할 것이다.

첫 번째와 세 번째 의미에서의 '어떻게?' 즉, 행위나 존재 자체의 시비나 목적(이 귀결로서의 의미나 가치도 포함)에 대답하는 것이 종교이다.

두 번째 의미에서의 '어떻게?' 즉, 행위나 존재의 수단에 답하는 것이 과학이다(일본인의 기복신앙은 이와 조금 다르기 때문에 마지막 장에서 설명하겠다. 이 '종교가 주인이고 과학이 하수인'이라는 관계에 대해서는 좀처럼 이해하기 힘든 점이 있으며, 매우 중요한 일이기 때문에 조금 더 생각해보자.).

'어떻게?'의 차이

          매년 봄이 되면 '어떻게?' 고등학교나 대학교에 들어갈지 청소년들은 고민한다. 그러나 봄도 끝날 무렵이 되면 '어떻게(왜) 나는 이 학교에 들어왔는가?'를 심각하게 고민하는 사람이 있을 것이다. 선택의 잘못을 알게 되는 것이다.

    이와 같이 '어떻게?'라는 언어에도, 처음과 끝이 전혀 다른 의미를 가지게 된다.

    청소년들은 입학 전에는 입시라는 수단에 대해 고민하고, 입학 후에는 그 학교에 들어간 일의 시비와 '의미, 가치, 목적'을 고민하고 있다.

입학시험을 보기 전 처음부터 그 목적과 동기를 자기 스스로가 생각해봐야 했다. 이 대학을 선택한 동기를 수험생들에게 물어보면 대부분 '아무 생각 없이, 그냥 모두 가니까 자신도 가려고 했다'라고 대답한다.

무엇보다 '무엇을 위해'라는 인생의 목적이 분명하지 않기 때문이다. 그러므로 학교를 선택할 때도 확실한 목적이나 동기가 없는 것이다. 주변 친구들의 동향이나 사회 분위기에 좌우되어 학교나 학과를 선택한 것이다.

이렇게 생각하면 알기 쉬울 것이다. 학교에 들어가는 수단, 인생에서 말하면 생활 수단을 문제시하는 것이 과학이고, 입학의 의미, 가치, 인생에서 말하면 목적, 의미, 가치를 묻는 것이 종교인 것이다.

그러므로 성경을 포함한 종교 서적은 후자의 의문에 답하기 위해 쓰인 것이다. '어떻게 이 우주(자연)는 만들어진 것인가?'라고 의문을 가졌을 때, 종교 서적에는 동기가 무엇인지, 무엇 때문에 신은 우주를 만들었는지를 설명이 적혀있다. 이러한 필자의 의도를 올바르게 파악하지 않으면 터무니없는 해석을 하게 된다.

많은 사람은 성경 첫 부분(창세기 1장에서 2장)에 있는 우주 창조의 기술을 읽으면 비과학적이라고 웃을 것이다. 그러나 기독교 신자들은 이것을 과학적이라고 말한다. 이는 양쪽 모두 틀린 것이다. 성경 첫 부분에는 우주(자연)가 왜 생겼는지를 적고 있다. 여기에는 우주가 만들어진 이유(하나님에서 보면 본질적 동기)가 적혀있다. 그러므로 결코 만들어지는 과정이나, 방법 등이 적혀있는 것이 아니다(일본어의 '어떻게'라는 의미에는 how[어떤 방법으로, 어떻게 해서]와 why[어떤 의미로, 무엇 때문에]와 같은 구별이 없다. 그러나 '어떻게'라고 물을 때는 주로 전자의 how 의미를 가진다. 그러면 사물이나 인간 등 이미 존재하는 것에 대해, 존재 시비, 의의, 의미, 목적에 대해서는 별로 의문을 가지지 않는 정신구조로 되어 있다고 생각된다.).

자연과학은 전자의 절차, 수단, 방법을 묻는다. 이에 대해 종교는 후자의 존재 시비, 이유, 의미, 가치, 목적, 목표, 동기를 묻는다.

그러므로 성경에 있는 천지창조와 자연과학의 결론이 맞지 않는 것이다. 아니 맞아서도 안 되는 것이다. 그러나 이러한 기본적인 것도 모르는 종파나 교파는 '성경은 과학적입니다'라고 말한다(이렇게 주장하는 사람들은 자신들의 주장이 어떤 근거에 따른 것인지, 자신들은 무엇을 지향하는지를 전혀 모르고 있는 것이다.).

과학의 발달은 농업 분야에서도 예외가 아니다. 누구라도 먹고 싶은 것이 있으면 먹을 수 있게 되었다. 그렇다고 해도 무엇을 먹을 것인지는 먹는 사람이 결정하는 것이다. 과학이나 식물이 결정하는 것이 아니다. 넓고 아름다운 집을 지었다. 그러나 '여기에 너는 거주해라'라고 과학이나 집이 명령할 수는 없다. 이는 옷, 약, 텔레비전, 컴퓨터 등도 마찬가지일 것이다.

이처럼 과학의 발달이 가져다준 생활 편의나 풍족함은 무수히 많다. 앞으로도 점점 편리해질 것이 틀림없다.

그러나, 아무리 발달해도 할 수 없는 것이 있다. 과학의 발달로 발명, 발견되어 개량 발전한 도구나 기계, 약이나 기술, 지혜나 지식도 어디까지나 하수인으로 주인이 될 수 없다. 즉, 기계나 도구, 기술은 인간이 사용하고 지배하는 것으로 인간이 과학의 발전이나 결과물에 사용되고 지배되는 경우는 없다. 이는 절대로 있어서도 안 되는 일이라는 것은 굳이 말할 필요가 없을 것이다. 그러나 주정뱅이가 술에 빠져, 결국에는 술의 지배를 받는 것 같이 기계(과학)에 인간이 지배당하는 일도 일어날 수 있다.

인간의 과학적 지식은 자연에 대한 날카로운 관찰 결과 도구에서 기계를 만들고 생활을 편리하게 했다. 그러나 아무리 편리해졌다고 하더라도 이를 사용하는 인간의 삶에 대해 기계가 주인인 인간에 대해 명령할 수는 없다.

수단과 목적의 관계

　　　　　　　　'자유라는 것은 제멋대로 하는
것과 전혀 다르다'라는 말을 지식인들은 자주 한다. 여기에
는 한가지 오류가 있다. 언어의 정의와 실현 수단의 혼돈이
존재한다. 사전에는 자유의 정의를 '마음이 가는 대로, 생각
하는 대로, 제멋대로, 이기적으로'라고 적혀있는 바와 같이
자유란 '제멋대로 할 수 있는 것'일 것이다. 그러나 제멋대로
두면 자유가 없어진다. 그러므로 지식인들은 후자의 의미로
말을 한 것이다.

　인간이 하는 일에는 모두 목적과 수단이 있다. 그리고 목
적을 달성하기 위해서는 수단이라는 과정을 통하지 않으면

안 된다.

또한, 이익을 얻는다는 목적을 달성하기 위해서는 투자라는 수단을 거쳐야 하는 것 같이 행위가 정반대인 점에 문제가 있다. 그리고 수단은 목적을 잊을 정도로 철저히 하는 것이 목적 달성이 쉽다는 문제가 있다. 즉, 수완 좋은 상인은 돈벌이라는 목적을 달성하기 위해 전혀 정반대의 모습으로 가장하여 '고객님이 돈을 벌어주시길 바랍니다'라고 말한다. 실제 상인들은 이를 철저히 하기 위해 원래의 목적을 잊을 정도로 고객에게 봉사하는 것이다. 그러므로 이는 매우 혼동하기 쉬우며, 행위 내용이 완전히 정반대인 것이다.

특히, 일본인은 이 두 경향을 구분하여 생각할 수 없는 경향이 있다. 수단의 목적화 혹은 목적의 수단화이다. 이 수단과 목적의 관계는 농업을 예를 들면, 수단은 씨 뿌리기고 목적은 수확이다. 전자는 버리는 것이고, 후자는 줍는 것으로 완전 정반대가 된다.

씨를 뿌리는 것은 수확을 위한 것으로 그냥 땅에 뿌려 썩게 만드는 것이 목적이 아니다. 또한, 공부는 지식을 습득하는 것으로 이는 필요할 때 꺼내는 일이 목적이다. 자본가는 자금을 사업에 투자한다. 이는 손해 보기 위한 것이 아닌 투자한 것 이상으로 이윤을 얻기 위한 것이다.

신앙은 자신(죄의 모습)을 버리고, 이에 따라 진정한 자신(신의 모습)을 얻는 것에 있다. 인간은 신을 섬기고, 반대로 신은 인간을 돌보는 것이다.

이 목적과 수단을 착각하면 모든 것이 실패하고 인생은 불행해진다. 살기 위해 죽고, 수확을 위해 씨앗을 뿌리는 것이다. 이를 착각하면 살 수 있는 것도 수확될 것도 안 된다.

행복해지기 위해서는 불행을 참고 견디지 않으면 안 된다. 또한, 생명을 얻으려고 하면, 생명을 버릴 정도로 하지 않으면 안 된다. 그러므로 예수는 다음과 같이 말했다.

누구든지 나를 따라오려거든 자기를 부인하고 제 십자가를 지고 나를 따라오너라. 누구든지 자기 목숨을 구하고자 하는 사람은 잃을 것이오, 나 때문에 자기 목숨을 잃는 사람은 찾을 것이다(마태복음 16장 24절, 25절).

그러나 결코 죽음이 목적이 아니며 불행도 목적이 아니다. 어디까지나 수단은 하수인이고 목적이 주인이 되지 않으면 안 된다. 수단이 너무 효과적이면 목적이 되어버린다. 하극상이 일어난다. 부하가 주인이 되는 것이다.

이 좋은 예가 일본의 '학력 신앙'일 것이다. 학원, 문화 교실 등의 많은 것이 이를 뒷받침할 것이다. 여기에 다니는 사람들은 이것이 왜 자기에게 도움이 되는지 생각하려고 하지 않는다. 이러한 학원들은 자기에게 도움이 되지 않으면 아무런 의미도 없을 것이다. 그래서 선진국 외국에서는 일본과 같이 모두 대학에 가려고 하지 않는 것이다.

과거 일본군은 중국 진출에 애초부터 목적을 상실하고 있었다. 만약에 있었다고 해도 점점 주변 상황(장소, 환경)에 휩쓸려 변형되어 갔다. 그리고 결국에는 싸우는 일 자체에 의미를 둔 것처럼 수단이 그대로 목적화 되어버린 것이다.

그리고 같은 실패를 반복하여, 적에게 '이긴다(이는 살아남는다)'라는 목표가 언제부터인지 '죽는 것(패배)'으로 바뀌었다.

야마모토 시치헤이(山本七平 : 1921~1991, 평론가)는 자신의 군대 경험을 토대로 쓴 『내 안의 일본군(私の中の日本軍)』이라는 저서에서 다음과 같이 적고 있다.

> 일본군은 원칙적으로 전 병사가 도보로 이동했
> 다. 이 행군 과정에서 일체의 사고력을 잃고 몽
> 유병자와 같이 그냥 걸어갔다. 이것이 당연한 일
> 이었다(상권 74쪽).
> 전사한 것이라 전해졌지만 사실은 굶어 죽은
> 것이다(동 106쪽).

스스로 눈을 감은 큰 뱀이 자신의 머릿속에서 그린 망상
에 따라 행동하고 결국에는 괴로워하다가 자멸했다. 일본군
에 대한 나의 인상은 이와 같다(동 29쪽).

일본군의 잠재 속에 있는 자멸, 혹은 옥쇄 지향은 '무사도
의 교본'이라고 불리는 '하가쿠레(葉隱)'에 나와 있다.

> 무사도의 **근본**은 결국 죽**는** 것이다(죽음을 찾는 것
> 이다.)──매일 밤낮으로 항상 죽음을 각오하고 있

어야 한다. 항상 죽었다고 생각할 때에 무도(武道)가 자유로워져, 평생 과오 없이 임무를 완수할 수 있다(미시마 유키오 하가쿠레 입문 67쪽).

매일 죽음을 각오하는 것이 자유의 길이라고 해도, 무사의 임무를 다하는 거다(이것도 생활 수단이다.). 그러나 무사도에서는 '매일 죽음을 각오'한다는 수단이 언제부터인지 목적화되어 있다.

이 전통은 오늘날 일본 회사원들 사이에도 있지 않은가? 회사를 위해 인생을 바치는 기업 전사들이다. 세계에서 활약하는 일본 비즈니스맨의 목적 없는 경제 활동 등은 과거 무사, 병사들과 닮지 않았다고는 할 수 없다.

사도 바울은 '우리는 언제나 예수의 죽임 당하심을 우리 몸에 짊어지고 다닙니다. 그것은 예수의 생명도 또한 우리 몸에 나타나게 하기 위함입니다.'(고린도후서 4장 10절)

라고 같은 말을 했다. 그러나 여기서 말하는 목적은 어디까지나 삶을 위한 죽음(죽음을 위한 죽음)이라고 분명히 언급하고 있다.

수단이 목적이 되는 것, 이는 범신론적 우주관(과학이나 무신론, 불교)의 종착점이다. 이러한 생각에서는 신이 곧 자연이다. 그러므로 인간이 도달해야 할 '목표(이상)'와 '지금 존재하는 환경(현실)'과는 같은 것이다. 그러므로 이러한 생각을 하는 사람들의 말과 행동에는 수단과 목적의 구별이 없는 경향을 나타내는 것이다.

목적이 없고, 무엇 때문에 살아가는가, 무엇 때문에 활용되고 있는지에 대한 물음이 없는 것이다. 일본 사회에서는 대부분의 집회에서 아무도 발언을 하지 않는다. 무서울 정도로 침묵을 지킨다. 이는 단순히 '침묵은 금이다', '눈에 띄고 싶지 않다'라는 이유뿐만이 아니라 '이렇다 할 의견도 없다. 생각이 없다. 특별히 의미나 목적에 대해서 생각하고 있지 않다'라는 것과 관련이 있는 것 같다.

도구, 기계, 의복, 약 그리고 학교나 회사, 지역이나 국가, 우주 자연이라는 장소도 어디까지나 목적을 위한 수단인 것이다. 그러므로 이러한 것을 취급하고 존재 방식까지 결정하는 인간이 지도권을 가지고 있어야 할 것이다. 여기서 살아가는 인간이 이들보다 더 소중하기 때문이다.

자주 '살아가기(목적) 위해 먹는 것이지, 먹기 위해서 살아가는 것이 아니다'라는 말을 듣는다. 그러나 이러한 말이 있다는 것은 목적과 수단을 반대로 생각하는 사람들이 많다는 것을 증명하는 것이다.

일본인의 종교관은 조금 다르다

일본에서 신앙이라고 하면, '곤경에 빠졌을 때만 소원 빌기'라는 말이 있듯이 기복 신앙이라고 생각돼 마음이 연약한 인간들이 하는 것이라고 간주하고 있다. 이것은 신앙이 인간이 살아가는 목적을 묻는 것이 아닌 살아가는 수단을 묻는 것이다. 신은 인간의 소원을 들어줄 때 하수인이 되어, 인간 위(신)가 아닌 인간 아래(하수인)가 되고 있다. 풍족하고 행복한 삶을 위해 신을 이용하려고 하기 때문이다. 그러나 원래 신이란 인간의 위에 있는 존재로, 인간의 행복에 대한 의미를 정하고, 인간이 살아가야 할 길(즉, 무엇이 선이고 악인가, 선악과나무의 척도)을 결정하는 자일 것이다.

'~일 것이다'라고 말했지만, 현실은 그렇지 않다. 일본인의 신(神)적 역할을 하는 것은 생활 터전이다.

구체적으로는 소속된 지역, 학교, 회사, 직장 그리고 사회나 시대의 분위기라는 것이다. 즉, 일본인의 신은 이러한 장소를 말한다. 이것은 농경사회의 습관으로 자연스럽게 생긴 것으로 생각한다.

그렇다고 해도, 아무도 없는 한밤중 교차로의 적색 신호에서 계속 정지해야 하고, 역 홈에 들어온 아무도 없는 전철에 차장이 일일이 머리를 숙여서 인사를 한다는 것은 기묘한 일이 아닌가. 이러한 행동이 있다는 것은 그 장소를 지배하는 신과 같은 존재가 있다고 느끼기 때문일 것이다. 이러한 것을 시작으로 일본 사회에는 의미불명의 예의적 행위나 행사가 많다.

사람들의 눈을 의식하고, 이상할 정도로 주변 분위기를 의식하며 자유롭지 못한 생활을 한다. 이런 '화(和)'를 중시하는 것은 좋은 일이라 생각해도, 무작정 구성원을 묶어버리는 '륜(輪 : 일본어에서는 [와;わ]로 동음)'으로 생각된다.

일본인들은 '힘내라'라는 말과 함께 '열심히(잇쇼켄메이 : 一生懸命)'라는 말을 좋아하고 잘 사용한다. 이것은 원래 '一所懸命'에서 온 말이다. 한 곳(一所)에 생명을 건다는 것이다. 생명을 걸 정도로 소중한 곳이란, 자신이 살아가는 터전을 뜻하며, 이 터전을 신과 같다고 생각하기 때문이다.

'존재한다'와
'존재해야 하는 것'
(사실과 진리)

'존재한다'와 '존재해야 하는 것'_(사실과 진리)

재판관의 일은 범인을 심판하는 것이다. 이 일에도 2단계의 과정을 거친다. 먼저 범인이 확실하게 범죄를 저질렀는가를 확증하지 않으면 안 된다. 그 다음에 법에 따라 형벌을 결정해 피고인에게 형량을 선고한다. 사실인정과 이에 대한 평가의 2단계의 심판이다.

이는 재판뿐만이 아니라 우리들의 일상생활에서도 2단계 작업을 동시적으로 이루고 있다. 예를 들어, 장을 볼 때 값이 싼 고기가 있다고 하자. 그러면 이 고기는 어떤 고기인지, 신선한 고기인지 아닌지, 가격 대비 등 사실관계를 조사한다. 그러고 나서 그것을 자신이 구매할만한 가치가 있는지를 생각하게 된다. 물건의 기본적인 정보뿐만이 아니라 요리를 해서 먹는 자신의 사정을 고려하여, 구매할 여유가 있는지 경제적 사정도 생각한 후 사정이 여의하면 구매하게 된다.

과학이라는 것은 가게에 진열된 하나하나의 물건을 정확하게 파악하고, 알리는 단계에 머문다. 그러나 보통 사람은 그것을 구매하고 요리하고, 먹기까지 하지 않으면 살아갈 수가 없다. 종교는 이 전부를 생각하고, 최선책은 무엇인가를 잘 이해할 수 있도록 설명하려고 한다. 전자는 '존재하는 모습' 즉, 사실을 명확하게 하고, 후자는 '존재해야 할 모습' 즉, 진리는 무엇인가를 말한다.

자주 있는 사실과 진리의 혼동

A 씨가 도둑질한 경우, 객관적 사실은 A 씨가 도둑질했다는 판단에만 머문다.

이에 대해 진리는 '지금 존재하는 모습'이 아니라, '존재해야 할 모습'을 말한다. 이는 A 씨가 도둑질한 것은 죄로, 올바른 일이 아니라는 평가를 내리는 단계를 말한다.

그래서 이 사실과 진리의 관계를 정리해보면, A 씨가 한 일은 사실이지만 A 씨는(인간으로서) '진리' 상태에는 있지 않다고 말할 수 있겠다.

따라서 진리는 사실에 가치를 더한 것을 본질적으로 가지고 있는 것에 대해, 사실은 가치를 포함되지 않기 때문에 가치평가를 내리는 소재를 가지고 있지 않은 것이다(가치는 객관적 사실에 있는 것이 아닌, 인간 주관적 측면에 있다. 그러므로 어떤 진리의 기준이 되는 가치 판단에 있어, 객관적 사실은 소재 제공만을 할 뿐, 이에 가치를 부가하는 것은 어디까지나 인간이다.).

그래서 과학이 실험·관찰을 통해, 사실을 발견하고, 이를 분석하여 법칙을 발견하는 것만으로 끝나면, 과학의 역할은 끝났다고 할 수 있다. 그러나 과학이 가치 평가를 내릴 수 있는 것은(사실은 얼마나 그 증거를 모아도 사실에 머물며, 진리가 되지 않는다. 따라서 처음부터 이 일은 불가능한 것이다.) 사실과 이를 지배하는 법칙을 넘어 세계와 인생을 지배하는 원리를 발견하고, 나아가 인간이 있어야 할 모습을 추구하지 않으면 안 된다. 즉, 과학은 과학을 넘어 철학으로 이행되지 않으면 안 된다. 형이하(形而下)보다 형이상(形而上)의 문제를 언급해야 한다(그러나 이러한 복잡한 절차를 거치는 가운데 이것을 인간이 행하는 일이기 때문에 인간의 주관을 가진 가치가 이 중에 언젠가는 포함되게 된다.). 그래서 이 철학적 방법도 또한 귀납적, 즉 과학적이지 않으면 안 되며, 또한 기본적 자료도 '사실'을 모은 것이다.

지금 이 자료가 되는 사실이 어디서 온 것인지를 생각해 보면, 그것은 자연을 관찰하고, 실험할 수 있는 것은 실험하고, 인간으로부터 시작하여, 아메바(이질)나 바이러스에 이르기까지, 조사할 수 있는 것은 조사하여 채집해 온 것이다. 따라서 이것은 생명이 없는 자연으로부터 채집한 것이라든지, 인간이나 동물 사회로부터 채집한 것 등에 의해 이루어지고 있다.

　　그래서 이러한 자료에서 만들어진 철학에는, 자연은 이렇게 운행이 되고 있으니, 우리도 이렇게 해야 한다. 세상은 옛날부터 이러한 사회집단의 법칙에 따라 움직이니, 우리도 이 법칙에 따라 행동을 해야 한다는 사상이 생기게 된다. 어느 쪽이든(자연이나 인간사회) 사실과 법칙에 우리도 따라야 하는 것이 올바른 일이라는 결과로 귀결된다는 것은 처음부터 명확한 것이다.

　　인간은 자연이나 사회의 법칙은 어디까지나 수단이지 목적은 아니다. 이것이 언제부터인지? 수단이 목적으로 바뀌어 '본말전도(本末転倒)'의 세계를 만들었다. 인간은 자연이나 인간 자신들이 만들어 낸 사회의 지배적인 사실이다. 법칙보다 자유로운 자연과 사회를 지배 관리하려고 한다. 이것은 올바른 것이 아니고 자연이란 사회를 위해 존재하는 것이 아니다.

과학은 인간의 생존과 번영을 위한 수단으로 존재했다. 그러나 언제부터인지, 이 과학이라는 수단이 너무 훌륭해 목적으로 바뀌어, 인간의 생명이란 무엇인가, 행복이란 무엇인가, 무엇 때문에 살아가는가… 등의 인간이 살아가는 목표까지도 결정하는 힘을 가진 것으로 시작했다.

물론 인간을 둘러싼 환경, 즉 우주, 자연 그 자체와 사회 자체에 진리, 즉 생명이 있을 리 없고, 인간이 아닌 것에도 인간이 가야 할 길(삶의 목적·가치)을 알 리가 없는 것이다.

그러나 현재도 대부분의 지식인도 '과학은 사실의 진리로 보고, 반대로 진리란 사실에 있다는 신앙을 바탕으로 성립되어가고 있다. 즉 과학에는 사실(존재하다)과 진리(존재해야 하는 것) 간에는 구별이 없다'라는 것조차 알지 못하며, 알아채지 못한다. 당연히 문제 제기도 하지 않는다.

우주, 자연은 이 자체가 신이 만든 배나 자동차에 비유할 수 있는 것으로, 신이 운전하고, 인간은 조수석 내지는 뒷좌

석에 앉아 있는 상태이다. 그래서, 자연은 어떤 목표를 향해 가고 있는지, 그리고 자연 속에 있는 인간은 어디에 이끌려 가는지, 양쪽 모두 운전사인 신에게 물어볼 수밖에 없으며, 자동차 자체에 물어봐도 가르쳐 주지 않는다. 당연한 일일 것이다. 그러나 이러한 어리석은 일을 언제까지나 만물의 영장인 인간이 계속하고 있다는 것이다.

또한, 자연이나 우주는 라디오나 텔레비전과 같다. 어린아이들은 라디오나 텔레비전이라는 상자 속에서 사람들이 들어가 연기를 하고 있다고 생각하고 있다. 그러나 성장함에 따라 방송국이라는 존재를 알게 됨에 따라, 방송국에서 만들어진 소리나 영상이 전파를 타고, 멀리 떨어진 자기 집 텔레비전이나 라디오의 안테나로 들어와 영상을 볼 수 있다는 것을 알게 된다.

이와 같이 인간은 현명해지면 현명할수록, 자연이나 우주에는 소리나 영상(의미·가치·목적)의 원인이 없다는 것을 알게 된다. 그리고 이러한 「땅에 존재하는 것」이 단순히 하늘(신)의 방송국에 불과하다는 것을 깨닫게 되는 것이다(그러나 후술하는 바와 같이, 자연은 신의 창조물이기 때문에 거기에는 신의 메시지가 적혀있다.

그렇기 때문에 자연을 탐구하면 인간의 삶까지 알 수 있다고 오랫동안 생각되어졌다. 이러한 사고가 과학을 발달시켰다. 과학의 발달로 확실히 살아가는 방법이나 수단을 알게 되어 매우 편리해졌다. 그렇지만 그 목적이나 의미까지는 알지 못한다.).

물론, 우리 인간은 자연보다 뛰어난 수신기이기 때문에, 신앙이라는 스위치를 넣어, 기도를 통해 하늘의 방송국의 주파수나 채널을 맞추게 되면, 직접 신의 목소리를 들을 수 있을 것이다. 인간은 전자와 같이 간접적이라고 해도, 후자와 같이 직접적이라고 해도, 신의 파장에 맞추지 않으면 이 세상(자연, 우주)에서 살아가는 진정한 의미를 찾을 수 없을 것이다.

토대와 건물

　　　　　　　　인간은 무언가와 관계를 맺게
될 때, 먼저 그 대상이 무엇인지 사실관계를 밝혀야 한다. 그
리고 이 사실관계가 밝혀지면, 두 번째로 이 사실이 자신과
관계를 맺으면 가치가 있는지를 생각한다. 즉, 가치 판단이
더해지지 않으면 안 된다. 이 첫 번째 사실은, 비유하자면 건
물의 토대가 될 것이며, 두 번째의 가치평가는 건물이 될 것
이다. 이것을 전체라고 볼 때 진리 혹은 비진리(허위)라고 불
린다.

　성경도 마찬가지이다. 성경을 읽으면, 먼저 무엇이 거기에
기술되어 있는지, 사실관계를 밝혀내야 한다. 빌딩에 있어서

'존재한다'와 '존재해야 하는 것'(사실과 진리)

도 토대가 제대로 되지 않으면 상위 구조물은 제대로 설 수가 없다는 것과 마찬가지로, 사실이 아닌 허위로는 진리는 성립되지 않는다. 그래서 이것이 역설되는 나머지, 사실 만이 문제가 되고, 추구되어, 건물을 만드는 토대를 견고한 것으로 해야 한다는 생각이 너무 강해서, 구멍만 파고 있는 사람이 있다(성경은 암반 노출된 토대이기 때문에, 성경에 쓰여있는 것을 그대로 인정하면 하늘에 닿는 빌딩이 지어질 것이다.).

또한, 빌딩은 토대만 완성되면 죽순이 성장하는 것 같이 쉽게 세워진다고 생각하는 사람들도 있다. 이러한 사상에는 사실 속에 처음부터 가치(즉, 생명이 있는 것보다 생기는 것)가 포함되어 있다는 생각이 있다.

예수가 처녀 마리아로부터 태어났다는 것은, 사실인지, 거짓인지 조사해봐도 그 결과는 사실을 밝히는 것으로, 토대를 만든 것에 불과하다. 또한, 성경 원전을 연구하고, 언어의 성립을 조사하고, 성지를 발굴하여 고고학적 조사를 해도, 그것은 사실을 밝혔다는 건물의 토대를 만든 것에 불과하다.

그러므로 성경 원전을 잘 읽어도, 성경 이야기나 성경의 말씀을 모두 기억해도, 그것은 사실에 불과하므로 그 사람의 신앙이 되지는 않는다. 즉, 원전을 읽을 수 있어도, 성경 말씀을 암기해도, 성경의 진리를 다 알 수 없다(요한복음 3:27, 고린도전서 2:10-14). 그것은 학문(사실)이며, 신앙(진리)이 되지 않았기 때문이다. 사실 예수의 곁에 있으면서, 살아 있는 예수를 직접 만지고, 예수의 말을 직접 들었다는 사람들이 예수를 반드시 믿은 것은 아니었다.

예수가 십자가 못 박혀, 죽었다는 것은 역사적 사실이었다. 이는 절대 거짓이 아니라고 믿어본들, 첫 번째의 토대가 완성된 것뿐이며, 두 번째의 의미 부여가 전혀 되지 않았다. 이 의미 부여를 하는 것은 사실을 밝히는 것을 본분으로 하는 과학적 방법으로 할 수 있는 것이 아니다. 나아가 사실 중에 의미가 생기는 것이 아니다. 왜냐하면, 사실이란 아직 그 생명이 부여된 것이 아니기 때문이다.

'존재하다' '존재해야 한다'를 결정해서는 안 된다

이와 같이, '존재하다(사실, 현실)'는 '존재해야 한다(진리, 사상)'와 기본적으로 다르다는 것이다. 적어도 '존재해야 하는 모습'이 '존재하는 모습'을 결정한다는 것은 이상하지만 현실에는 '존재하는 모습'이 '존재해야 하는 모습'을 결정하고 있다.

손님이 없는 레스토랑에 들어가면 바로 식사를 할 수 있겠지만, 왠지 자리가 불편하고 빠른 식사도 맛있다고 생각되지 않는다. 이에 비해 손님이 많은 레스토랑은 주문을 해도 좀처럼 요리가 나오지 않아 빨리 식사를 할 수 없지만, 많은 사람이 있어 맛있다고 생각하게 된다.

　미니스커트 또한 유행하면, 누구라도 예뻐 보이고, 부끄럽다고 생각하지 않는다. 그러나 이것이 자신만이라고 생각하면 촌스럽고 부끄러울 것이다. 모두가 하는 것을 하지 않으면 안 된다고 생각한다. 모두 전쟁에 가지만, 가지 않는 것은 죄악이라고 생각해버린다. 이처럼 자신의 머릿속에 있는 것은 올바르고, 좋고, 친밀감 있다고 생각한다. 그러나 처음 보는 것, 혹은 잘 알지 못하는 것은 나쁘고, 위화감을 느껴 좋지 못한 것이라고 직감해 버린다.

　'여기에도 있다' '저기에도 있다'라는 것은 '여기에도 없다' '저기에도 없다'라는 것보다 올바르다고 생각된다. 마찬가지로 예로부터 '존재하다'는 것은 이것만으로도 올바르고 좋은 것이라고 생각하기 쉬울 것이다(분명히 그 존재가 유해라고 생각되는 것은 예외이다.).

　이와 같이, '거기에도 있다, 여기에도 있다, 옛날에도 있었다' 등과 같이 많은 '존재하는' 것이 인간이 가져야 할 모습이 되고 있다. '많다'란, '예로부터 존재한다'라는 것과 '지금 모두가 하고 있다'라는 것과의 십자포화(十字砲火)의 결과로, 이것이 인간이 존재해야 할 모습이나 행동을 결정해버린다.

이러한 논리는 시골의 부인회, 대학 연구실, 우익에서 좌익까지 퍼져있다. 옛날부터 그랬다. 자연은 이러한 법칙에 지배되고 있다. 동물 세계는 이러한 질서하에 있다. 당신도 이 대자연 속의 인간이라는 동물이며, 동물 중에서 일본인, 그렇기 때문에 너도 주변 사람들과 같아야 한다. 전통은 정통한 것이기 때문에 정답이다. 2천 년이나 이어져 왔기 때문에 전통을 중요시하는 것은 올바른 일이다 등 이러한 논리가 통하는 것이다.

이러한 논리가 통하려면, 예로부터 상투를 틀었기 때문에 상투를 틀지 않으면 안 된다. 또한, 대대로 술을 좋아하는 집안에 태어나면 그 후손들도 술을 마시지 않으면 안 된다. 인류의 역사를 살펴보면 끊임없이 전쟁을 치르고 왔다. 그렇기 때문에 전쟁을 해야 할 것이다. 계급투쟁을 하고 왔기 때문에 지금도 계급투쟁을 하지 않으면 안 된다. 자연계는 약육강식의 생존 경쟁을 해 왔기 때문에, 언제 어디에서나 경쟁을 해야 하는 것이 될 것이다.

어떤 사람은 상습적으로 절도를 한다. 언제나 어디서나 계속 해왔다. 그렇기 때문에 절도가 올바른 일이 되지는 않는다. 바퀴벌레는 인류보다 훨씬 이전부터 이 지구에 생존해왔다. 그렇기 때문에 사람보다 올바른 존재라고 말하기는 힘들 것이다.

이와 같은 예를 보면, 이러한 생각이 잘못되었다는 것을 알 수 있을 것이다. 과학은 사실에 대한 조사를 해도, 인간이 어떻게 존재해야 하는지는 말할 수 없을 것이다. 자연(우주)이 어떻게 되어있는지, 옛날부터 사람들이 어떻게 했는지, 인간이 있어야 할 모습은 인간 발의 디딤돌인 자연에 의해 결정해지는 것은 아니다.

또한, 인간 개인의 이상과 모든 삶의 방식은 사회 모습으로 결정되어서는 안 된다. 사회 모습을 정하는 것은 각각의 개인이기 때문에 이러한 일들에는 반대한다.

이러한 의미에서 성경은, 인간의 생활 터전인 환경(대자연과 사회)을 신으로 생각하는 인간의 생각을 단호히 부정하고 있다. 터전이란 지배해야 하는 것으로 터전의 지배를 받아서는 안 되기 때문이다. 그러나 인간은 오랫동안 이러한 생각을 이해하지 못했다.

그리고 이제 겨우 자아에 자각하게 되자마자, 자연과학이 가져다주는 지혜가 마치 인간이 있어야 하는 모습까지 정해준다고 착각하기 시작했다.

그러나, 이 예외에 대해 논하겠다. 서양인과 일본인의 물건 구매 방법의 차이에 대해서이다. 이는 한 신학교에서 있었던 일이다.

서양인 K 부인은 프랑스 요리를 만들겠다고 일단 결정하면, 무슨 일이 있어도 프랑스 요리를 만든다. 그러나 K 부인 집에서 일하는 일본인 M은 시장에서 싸고 좋은 식재료가 있으면, 그날 요리 메뉴가 바뀌게 된다. 이 방법이 경제적으로 저렴하기 때문이다. 그러나 이러한 과정을 K 부인에서는 절대 볼 수 없다. 서양인 모두 K 부인과 같을 것으로 생각하지 않으며, 일본인 모두가 M과 같을 것으로 생각하지는 않는다. 그러나 대체로 서양인은 원칙이 먼저이고, 일본인은 실행에 옮기면서 주변 환경에 맞춘다는 경향이 강한 것이 아닐까?

서양인은 기사도라는 특성 때문인지, 기독교의 영향 때문인지 '존재한다는 것은 존재하는 것을 결정해야 한다'고 생각하며, 일본인은 농경 생활 때문인지, 불교의 영향인지 '존재하는 것을 보고 존재해야 하는 것을 생각'하는 것 같다. 생활 수단 측면에서 한정해서 보면, 후자의 일본인 쪽이 현명하고 합리적이다. 그러나 인간은 무엇 때문에 살아가는지, 살아가는 의미란 무엇인가? 라는 삶의 목적에 대한 물음에는 후자의 사고방식으로는 답을 도출할 수 없을 것이다.

　일본 도시에는 도시 계획이라는 것이 없으며, 있다고 하더라도 제대로 되지 못한 도시가 많다. 무계획적으로 택지를 조성한다. 그렇기 때문에 좁은 길, 굴곡이 많은 길에 집들이 있어 큰 불편을 겪는다. 처음부터 바르고 큰 도로를 만들고 바둑판과 같이 길을 만들고 집을 세우면 경관도 아름다울 것이며, 편리하고 토지 활용도도 높아질 것이다. 물론 토지 가치도 다를 것이다.

　"태초에 '말씀(계획, 이념)'이 계셨다(요한복음 1장 1절)"에서 토지도 인생도 이와 같이 관철되면 참 좋을 것이다. 우왕좌왕하는 시행착오보다 이쪽이 더 좋을 것이다. 그러나 이를 위해서는 시야를 넓혀 이상의 도시(인생)는 무엇인가를 생각하고, 미래를 올바르게 내다보는 지혜가 필요할 것이다.

사실과 진리

　　'사실'과 '진리'를 구별하지 않는 사람들이 많다. '사실'은 지금 존재하는 모습이지만, '진리'는 존재해야 할 올바른 모습을 말한다.

　건조한 사막지대의 주민들은 항상 눈앞의 대지에서는 그 모습이 사실일지라도, 대지가 있어야 할 모습이 아니라고 생각한다. 사막에 비가 내린다. 그러면 불모의 대지에 초목의 새싹이 나오며, 꽃이 피기 시작한다. 새가 날아다니고, 나비가 난다. 가축들이 뛰어다니는 현실을 몇 번이나 보게 된다. 사실이 진리가 되는 순간이다. 죽음의 지옥이 살아 숨 쉬는 생명체가 넘치는 천국이 된 것이다.

> 하나님, 주님께서 흡족한 비를 내리셔서 주님께
> 서 주신 메마른 땅을 옥토로 만드셨고, 주님의
> 식구들을 거기에 살게 하셨습니다 (시편 68편 9~10절).

이와 같이, 건조지대의 사람들에게는 천국, 생명, 행복, 진리 등은 모두 비와 함께 하나님이 계시는 하늘에서 온다고 믿고 있다.

한 젊은이가 몸에는 아무 이상이 없으나, 늙은 사람과 같이 매일 하는 일도 없이 아무것도 하지 않는 일과를 보내고 있다면, 이것이 사실이라 할지라도, 이는 젊은이가 가져야 할 모습, 즉 진리가 아니다.

그렇지만 이러한 젊은이에게 하늘에 계신 하나님의 생명 말씀을 들려주어, 생명의 비, 즉, 하나님의 성령을 경험하게 되면, 그는 죽은 자가 되살아난 것과 같이 다시 일어날 것이며, 젊은이가 가지는 본래의 모습으로 돌아갈 것이다. 이렇게 되면 그는 젊은이로서 진리 상태에 놓이게 된다.

사실, 예수는 '죽은 사람의 장례는 죽은 사람들이 치르게 두어라'(마태복음 8장 22절)라고 하였고, '듣지 못하는 사람이 들으며, 죽은 사람이 살아나며, 가난한 사람이 복음을 듣는 다'(마태복음 11장 5절)라고 말했다.

이러한 예를 비추어 생각해보면, 사실(죽음)에 가치(예수의 말)가 더해져서, 하나님의 창조 목적하에 두게 되면, 사실은 진리가 된다.

우주 만물은 하나님의 창조물이다. 그러나 이것도 그의 손을 떠나면서, 그 창조 본래의 모습(진리)에서 떠나게 되고, 그 창조 목적과 맞지 않게 된다. 즉, 쓰임새가 없어졌기 때문에 그 존재 의의, 가치를 잃게 된다.

이처럼 창조라는 단어에는 조물주의 '목적'에 맞게 만들어졌지만 '내포되어 있는 가치'가 포함되어 있다는 것을 알 수 있겠다. 그렇기 때문에 조물주의 의도, 목적에 맞지 않게 된 것은 그 존재와 생존의 의의, 가치를 잃게 된다. 그렇게 되면 그것은 생명을 잃게 되고 파괴된다. 그래서 피조물은 끊임없이 '무엇을 위해 만들어지고 활용되는가'라고 자문하는 것이 바람직하다. 지금 있는 자신의 모습은 어떤가, 비교하게 된다. 자신의 존재 의의를 묻게 되는 것이다.

그러나 우주 자체가 신이다. 이것을 신이 만들었다. 이것에는 신들이 깃들어 있다는 생각이나 신앙은 이러한 물음 자체가 생겨나기 힘들 것이다. 사실과 진리, 이상과 현실의 차이는 생기지 않는다.

지금 처한 현실은 그 현실이 신이기 때문에 비교할 수가 없다. 그렇기 때문에 이것을 바꾸려는 발상은 생길 수가 없다. 아무리 현실에서 불만이 있어도, 어떤 일이든지 운명적, 숙명적인 것으로 생각하기 때문에 이를 바로 잡으려고 생각하지 않는다.

이와 같이 존재하는 모습(사실)과 존재해야 할 모습(진리)을, 즉 현실과 이상을 먼저 나누어서 생각해야 하는지를, 과학과 문명의 발전이나 사회의 진보에 얼마나 중요한지, 또한, 한 사람의 인간이 생명 본연의 자세를 180도 바꾸어 참회하고, 천국에 가는 것이 얼마나 중요한지를 알 수 있겠다.

지금 우리는 죄가 많으며, 불모의 황야에 서 있다. 그러나 하나님의 곁은 부와 정의와 생명이 있다. 하나님은 이것을 우리에게 아낌없이 줄 것이다. 이와 같은 생각을 가지게 되면 사람은 살아갈 수 있을 것이다.

보기만 하는 사람과
이를
실행에 옮기는 사람
(객관과 주관)

보기만 하는 사람과 이를 실행에 옮기는 사람(객관과 주관)

보기만 하는 사람과, 이를 실행에 옮기는 사람과의 차이(복권은 구매하지 않으면 절대로 당첨될 수 없다.)

필자가 사는 동네에는 슈퍼나 백화점이 많아, 서로 손님을 유치하려고 경쟁을 한다. 어느 날 A 슈퍼 통로에 '보는 것은 B에서, 구매는 A에서'라는 선전 문구가 있어 황당하게 한 적 있다. 가게 입장에서 보면, 보기만 하고 구매하지 않으면 곤란한 것은 알 수 있겠다.

생활이 풍족해지면 이와 같이 보기만 하는 사람, 말만 하는 사람이 많아지고 실행에 옮기는 사람이 적어진다. 동시에 반대로 '실행에 옮기는 사람'이 많아져, 보는 사람이나 듣는 사람이 적어지는 곳도 있다. 극장이나 영화관이 이에 해당할 수 있겠다. 사람들에게 보이고 싶어 연기를 하는 사람들은 증가한다. 그러나 연기는 어디까지나 연기이기 때문에 허구의 세계에 해당한다. 보고 싶은 사람과 보여 주고 싶은 사람으로 나뉘며, 어느 쪽도 이른바 실행에 옮기는 사람이 아닌 보는 혹은 보여 주는 사람들이다.

콘서트 등에 노래를 들으러 가는 것과 자신도 같이 참가해서 노래를 부르는 것은 전혀 다른 의미를 가진다. 댄스 등 그냥 보고 있는 것과 자신이 직접 하는 것은 그 재미에서 차이가 명확히 다를 것이다. 인기 있는 스포츠에서도 보는 스포츠와 직접 하는 스포츠는 의미가 다르다. 보는 것만으로는 몸을 단련할 수 없다. 같은 것이라도 '보는 것'과 '하는 것'에서도 큰 차이를 보인다. 재미도 전혀 다르다. 경륜, 경마, 경정(競艇 : 도박 일종) 등에 가도 그냥 보고 있으면 손해를 보지 않는다. 그러나 절대로 돈을 벌 수는 없다.

복권도 구매하지 않는 한 절대로 당첨되지 않는다. 이는 누구나 아는 당연한 일이지만, '그냥 보고만 있으면 아무 것도 얻을 수 없다'라는 매우 중요한 진리가 존재한다. 오늘날 그냥 보고만 있어도 참가하고 있는 것 같이 착각을 일으키고 있는 사람들(또한, 이 착각을 전혀 눈치채지 못한 사람)이 매우 많아지고 있다. 조금도 관여한 적이 없음에도 불구하고 자신이 관여했다고 생각해, 복권의 당첨금을 받을 수 있을 것이라 생각하고 있는 사람들도 있다. 텔레비전을 아무리 봐도, 게임을 아무리 해도, 아무리 책을 봐도 현실과 아무 관계가 없다. 현실을 살아가지 못한 허구 세계를 살아가는 것이다. 그러나 이런 사람들일수록 인생의 진리를 깨달았다고 자만하여, 다른 사람들을 업신여기기 때문에 문제가 있는 것이다.

그 옛날 예수는 군중을 모아, 실내나 광장 등에서 자주 이야기를 했다. 많은 사람이 모여들어서, 마침내 문 앞조차도 들어설 자리가 없었다. 그리고 예수는 말씀을 그들에게 전했다(마가복음 2장 2절).

여기에는 두 부류의 인간들이 있는 것을 알 수 있다. 믿는 자와 믿지 않는 자이다. 또한, 믿는 자 중에도 두 가지 부류가 있다. 진실로 믿는 자와 그냥 타인의 일처럼 방관하는 자들이다. 후자는 일단 믿지만 적극적이지 않고 그냥 방관하는 자들이다.

오늘날 어느 사원이나 교회 예배에도 두 부류의 사람들이 있다. 예배를 드리는 사람과 예배를 보고 있는 사람들이다. 그냥 보기만 하는 예배와 진심으로 드리는 예배는 다르다. 그냥 방관하고 관찰할 뿐이라면 믿음을 가질 필요가 없을 것이다. 그러나 예배를 드리는 사람은 믿음을 가져야 할 것이다. 찬양하고 기도하고 헌금 등에 참가해야 한다. 그러나 그냥 보기만 하는 사람들은 몸은 참가하고 있지만, 마음은 참가하고 있지 않다.

이 세상에도 이러한 두 부류의 사람들이 있으며, 각자 자신의 입장을 그대로 정당화하고, 혹은 변호하며 자기 견해를 주장하고 있다. 어떻게 보면 지식인들은 대부분 '실행에 옮기는 사람이 아니라 보기만 하는 사람'이다.

예로부터 현자나 성인이라고 하는 사람들이 인생이나 자연에 대해 각자 여러 가지 견해를 주장한다. 그러나 아무리 좋은 말을 해도 소위 그것은 그 사람들의 방관자라는 생활 태도를 언급하는 것에 불과하다. 이런 의미에서 그것은 기묘하고 왜곡된 사상이나 의견인 것이다. 무엇보다 생활하는 사람이 아니기 때문이다. 당연히 결론은 자연 우주는 '공(空)'이라는 것이 된다는 것은 그들은 그들 생활에 대해 무(無) 관계이기 때문이다.

방관자로 있을 수 있는 사람이란, 일하지 않는 사람을 말하며, 부자이거나 가난한 사람일 것이다. 수도승 등의 종교인 대부분도 소위 타인의 돈으로 살아가는 부류에 해당할 것이다. 그러한 삶의 방식이 '얼마나 문화적이고 고귀한가'를 주장하는 다양한 억지 주장이 많이 존재한다. 각종 종교 서적이나 철학 서적이 이에 해당할 것이다.

그 대표적인 예로, 일하지 않는 부자들을 경멸하고, '종교는 아편이다(그렇기 때문에 종교인은 아편 상인이다.)'라고 말한 공산주의 창설자 마르크스는 어떠한 삶을 살아왔는가?

그는 부잣집 미망인을 애인으로 두었다. 그러므로 그가 주장한 공산주의 사상은 자신의 생활을 정당화하기 위해 고안된 철학 사상이다. 그러므로 이러한 사상에 감동하는 것은 마르크스와 같은 생활을 하는 사람들일 것이다. 그러나 학교를 졸업하고, 사회생활(직장인)을 시작하면 방관자적 입장보다, '생활하는 사람'이 되기 때문에 이 사상의 문제점을 알게 된다.

이는 고금동서의 종교인들에게도 해당할 것이다. 자신이 방관자로서의 생활을 정당화시키기 위해 고귀한 종교나 철학을 이용한다. 그러나 원래 그 고귀하다는 것 자체가 살아가기 위해 땀을 흘리는 중노동과 반대의 '방관자의 생활' 속에서 나온 것이다. 그렇기에 어떠한 어려운 수행을 하고, 학문적 업적이 뛰어나도 '보기만 하는' 영역에서 벗어나지 못하고 있다. 결국, 그들은 선남선녀(善男善女)의 기존 생활을 하기 때문에 '일하지 않는 사람들'과 같은 부류인 것이다. 이들이 설교하는 가르침은 현실 생활에서 동떨어진 무의미한 허구의 주장에 불과하다.

일본에서는 옴진리교라고 하면 사이비종교의 대표라고 말할 수 있겠다. 과거 사린가스 테러를 일으켰을 때 문제가 많은 종교라고 세상은 논평했다. 이때 언론에서는 '다른 종교에는 이러한 문제가 전혀 없다. 올바른 길을 가르치고, 홀

륭한 사람들이 모였다'라고 보도했다. 그리고 이 보도를 사람들은 모두 믿었다.

그러나 옴진리교의 교주 아사하라는 '나와 다른 사람들과 어떻게 다른가? 나는 단시간에 살인을 했지만, 그들은 사람들이 알지 못하게 천천히 살인을 한다. 하고 있는 것은 비슷하거나 같을 것이다'라고 웃었을지도 모른다.

천동설(자기중심)이 올바른가?

　　　　　　사람의 눈물은 물과, 소금, 미네랄, 이외 성분으로 되어있다. 또한, 이것이 체내에서 만들어지는 과정이나, 인체에 대한 영향 등이 과학의 힘에 의해서 어떤지를 알 수 있겠다.

　그러나 그것은 슬퍼서 눈물을 흘렸는지, 기뻐서 흘렸는지, 왜 눈물을 흘렸는지 설명할 수 없다. 이는 눈물의 의미를 알지 못한다고 할 수 있겠다. 그리고 이 눈물을 멈추게 하는 위로의 말을 만들 수도 없다. 이것을 알고, 그 의미를 묻고, 위로하는 힘을 가지는 것이 종교이며, 신앙이다.

　그럼 과학은 왜 이러한 것들을 할 수 없는 것일까?

그것은 과학이 개개인 한 사람 한 사람의 눈물이 아닌, 눈물 일반을 조사하려고 하기 때문이며, 또한 그 사람의 문제(사정)를 조사하는 것이 아니기 때문에 외부로부터 제3자의 입장에서 보기 때문이다.

과학과 종교의 문제에 대해서, 코페르니쿠스나 갈릴레오 시대에 문제가 되었던 천동설과 지동설로 생각해보자(물론 이에 대해서는 많은 오해가 있기 때문에 마지막 장인 '과학과 종교의 투쟁사'에서 다시 언급하겠다.).

물론 신앙 지침인 성경은 처음부터 어느 쪽이 올바른지 등 문제시하고 있지 않지만, 어느 쪽이냐고 하면 천동설을 전제로 하고 있다.

하나님께서 하늘에 장막을 쳐 주시니, (중략) 하늘 이 끝에서 나와서 하늘 저 끝으로 돌아가니, 그 뜨거움을 피할 자 없다(시편 19편 4절, 6절).

하늘이란 태양을 말한다. 이를 읽어보면 분명히 성경은 지동설이 아닌 천동설을 따르고 있다는 것을 알 수 있다. 그

보기만 하는 사람과 이를 실행에 옮기는 사람(객관과 주관)

러므로 성경은 거짓이라고 말하는 사람들이 있다. 그러나 성경이 진실이다.

동서고금 인간은 누구나 성경 말씀과 같이 태양이 동쪽에서 나와서 서쪽으로 지는 것을 매일 보고 왔다. 이를 부정하는 사람은 없을 것이다.

정상적인 인간이라면 누구나 이렇게 보고 있을 것이다. 이는 이러한 견해를 가져야 비로소 인간은 살아갈 수 있다는 것이다. 인간은 자신을 중심으로 사물을 보고, 생각하고, 느끼고, 행동한다. 인간은 타인의 배고픔보다 자신의 배고픔에 더 신경을 쓴다. 타인의 아픔은 감지 못해도, 자신의 아픔은 감지한다. 먼저 자신을 살린다는 책임이 있기 때문이다.

자기중심적이기에 비로소 생물로서 인간은 살아갈 수 있는 것이다.

땅이 움직이는 것이 아니라 하늘이 움직이고 있는 것(천동설)으로 생각한다는 것은 인간이 자기중심적으로 모든 것을 보고, 생각하고, 느끼는 대표적인 사례이다.

그러면 고양이는 고양이 나름대로 세상을 보고, 체험하고, 고양이 나름에 결론을 내고, 생각할 것이다. 그러나 그것은 잘못된 판단을 내리고 있지 않다. 고양이 나름 올바른 판단을 하고 있을 것이다. 이것은 쥐나 바퀴벌레도 같을 것이다. 돌과 풀들도 마찬가지일 것이다.

지금 여기서 고양이가 바퀴벌레를 잡아서 죽이려고 하고 있다. 여기서 생각되는 것은 고양이의 올바른 판단, 삶 방식이 그대로 바퀴벌레에게는 올바른 일이라고 할 수 있을까? 바퀴벌레 입장에서 보면 올바른 일이 아니라고 할 수 있겠다. 쥐나 바퀴벌레의 삶 방식이 고양이와 같은 삶 방식이면, 그들에게는 지옥일 것이며, 좋지 못한 삶이 될 것이다.

그러면 성인군자가 생각해낸 이것이야말로 진리라는 위대한 '세계관이나 인생관'을 보면 어떨까? 위의 예와 같다고 할 수 있는 것이 아닐까? 인간에게도 성인군자가 있으며, 그렇지 못한 사람들도 있을 것이다.

그러나 인간에는 향상, 발전이라는 것이 있다. 쥐나 바퀴벌레처럼 언제까지나 쓰레기통을 뒤지면서, 사람들로부터 멸시받는 것처럼, 사람이란 다른 사람들로부터 멸시를 받지 말아야 할 것이다. 오히려 물론 여러 가지 경우가 있으나 어떤 사람이 이상적인가 어떤 사람이 변하지 않으면 안 되는가?

 그 이상적인 사람이란 무엇인가를 가르치고, 그 이상에 이르는 과정을 가르치는 것이 종교이다(그러나 그것이 대부분 꼭 발전하고 향상되는 것이 아니라, 현상 유지 혹은 퇴보하는 경우가 많아서 문제이다.).

 나는 제3자가 아니다.

 지동설은 태양과 혹성의 존재를 설명할 때, 자신들이 별들을 방관할 수 있는 우주에서 본다는 가정하에 있다. 분명히 우주에서 이 태양계를 보면 태양이 지구의 주변을 돌고 있는 것이 아니라, 지구가 태양의 주변을 돌고 있다. 그렇기 때문에 지동설이 맞다고 할 수 있겠다. 그러나 현실적으로 모든 인간은 우주의 어떤 지점에서 생활하는 것이 아니라 지구상에서 살아가고 있다. 이를 간과한 채 올바른 판단을 하는 것은 불가능할 것이다(그러나 현실에서는 이러한 문제를 보지 않은 무서운 논리가 통하고 있다.).

 사람이 구원받는 것은, 먼저 타인이 아닌 자신의 개인적 문제 해결인 것이다.

 부모에게 받은 몸이란 것은 자신의 입장에서도 그렇게 생각하고 가르친다. 3자의 입장에서 보면 이해하기 힘든 것이다. 임금이나 얻어먹는 자도 주는 자도 같은 입장이고 나나 이 사람이나 십중팔구 같은 인간으로 생각하니 구원이란 것도 없는 것이다.

종교는 직접 이러한 것과 관계하고 있다. 과학은 간접적으로 관계하고 있다. 신앙 문제가 되는 모든 일은 '나와 당신'의 관계이다. 이에 대해 과학은 무엇이든지, 어떤 일이든지, '그들 혹은 그것'이라는 제3자의 방관자적 자세를 취하고 있다.

종교는 먼저, '나'라는 이 세상에 한 명뿐인 자신의 생존과 존재를 묻는다. 또한 '나'로부터 세계가 어떻게 되는지를 묻고 있다. 그러나 과학은 무엇이든 외부에서 보려고 한다. 그렇기 때문에 '나'라는 개인은 거기에 없는 것이다. 모든 것이 타인을 보는 듯하다(그렇기 때문에 냉정하고 객관적으로 사고할 수 있다. 이러한 점은 훌륭하다. 그러나 이것으로는 인간의 아픔은 알 수 없다.).

신앙은 '나'와 '당신'이라는 신과의 개인적인 만남이다. 그렇기 때문에 처음부터 매우 자기중심적이고, '믿음'이라는 자기 책임이 중요하다고 할 수 있겠다. 즉, 신앙의 대상인 하나님을 아는 것도 지극히 개인적인 특색을 가진다는 것이다. 당연히 성경의 이해도 개인적인 견해를 가지게 된다.

> **사람이 빵으로만 살 것이 아니라, 하나님의 입**
> **에서 나오는 모든 말씀으로 살 것이다**(마태복음 4
> 장 4절).

빵(의식주)은 과학의 힘으로 많이 해결되어, 의식주를 해결하지 못한 사람은 별로 없다. 그러나 사람은 그것만으로는 살아갈 수 없다. 하나님 입에서 나오는 모든 말씀이 필요한 것이다.

이 '모든 말씀'이란 그때, 그 장소에 따른, 그 사람만이 필요한 하나님으로부터 얻는 살아 있는 말씀이란 의미이다. 그렇기 때문에 하나님이 주신 말씀(그것은 지금 당신만이 해당되는 하나님의 살아있는 말씀 = '레마'라고 한다.)은 그것이 아무리 활자로 되어 있는 성경 말씀조차 그 해석도 그 사람에게만 통용되는 경우도 있다.

예수는 대개 비유를 가지고 진리를 설명했다. 그 이유는 그 사람의 마음에 따라 신앙을 움직이게 했기 때문이다.

> 너희에게는 하나님 나라의 비밀을 아는 것을 허락해 주셨다. 그러나 다른 사람들에게는 비유로 말씀하셨으니, 그것은 '그들이 보아도 보지 못하고, 들어도 깨닫지 못하게 하려는 것'이다(누가복음 8장 10절).
> 〈그분 '곧 진리의 영이 오시면 그가 너희를 모든 진리 가운데로 인도하실 것이다'(요한복음 16장 13절)와 같이 성령에 따라 각 개인을 진리에 인도하려고 하셨다.〉

'나는 일반적입니다'라는 것은 있을 수 없다.

신앙이란 타인이 대신할 수 없다. 그 정도로 개인적인 것이다. 원래 이 세상에 있는 것은 모두 개인이며, 단일하고 독립적인 통일적 존재인 것이다. 사람은 무수한 집이 있는 것처럼 일반적인 집에 사는 것이 아니다. 남자는 여자와 일반적으로 결혼하는 것이 아니다. 회사도 일반적으로 취직하는 것이 아니다. 학교도 일반적으로 들어가는 것도 아니다.

이와 같이, 이러한 자신이라는 것 살아가면서 고통받는 인간이 관계되는 모든 것이 하나하나 독립적인 존재인 것이다.

또한 '나'라는 인간은 이 세상에 있는 무엇에 대해서도, 제3자라는 무책임한 방관자가 아닌 책임을 가져야 할 주체로써 직접적인 연관을 가진다.

이러한 매우 중요한 일을 그냥 바라보기만 하는 사람에게는 알 수 없을 것이다. 가게 밖에서 상품을 바라보기만 하면 즐거울 것이다. 그러나 막상 옷을 지금 사려고 하면 고민하게 될 것이다. 지금 유행하는 것은 무엇일까? 자신의 취향은 물론이고 주변 사람들의 취향도 고려하고, 나아가 자신의 체형에 맞는지, 소지한 돈도 얼마인지 생각하지 않으면 안 된다. 이러한 과정을 즐기는 사람들도 있을 것이다. 그러나 귀찮아서 될 수 있으면 피하고 싶다는 사람들도 많을 것이다.

위와 같이 쇼핑에 한정되어 있으면 일은 쉬울 것이다. 그러나 주택 구입이나 결혼 문제가 된다면 매우 다를 것이다.

무엇보다 자신의 인생이 결정되고 '반품'도 되지 않기 때문에 쉽게 책임을 면하기 힘들 것이다.

이러한 인생의 중대 결정을 내려야 할 때, 항상 사람은 많은 집이 있음에도 일반적인 집에 살지 않고 별과 같이 많은 남녀가 있어도 결혼을 하지 않고 회사도 다닐 수 있지만, 취직을 하지 않고 학교도 일방적으로 들어가지 않고 있다라는 것을 알 수 있다.

이는 지금까지 그냥 방관만 해왔기 때문에 아무것도 몰랐다는 것이다. 그렇기 때문에 무슨 일이든지 부모를 의지하고, 국가에 의지만 하는 등 여전히 방관자로 있었다. 즉 자기 자신이 선택할 수 없는 사람은 아무것도 모르는 사람(모른다는 것조차 모르고 있는 사람)이라고 말할 수 있겠다(그냥 바라보기만 하면 아무것도 알지 못하며, 일단 행동에 옮겨서 알 수 있는 첫 번째는 실존하는 것은 구체적이고 개별적이며, 강렬한 개성과 자기주장을 가진다는 것이다. 구체적 예를 들면, 이성을 보고만 있는 것과 어떠한 관계를 맺는 것은 전혀 다르다는 것을 체험해 보면 알 것이다.).

한편, 문제는 학교에서 배우는 인간이든지, 사회든지, 대개 거기서 배우는 거의 모든 것은 공인(혹은 손님)인 사람이며, 개인(자신)인 사람이 아니다. 바라만 보는 인생이나 세계인 것이다(일본에서의 의무 교육 목적은 원래 국가라는 부모에게 언제까지나 부양받는 유아적 국민을 육성하는 일이었다.).

가르치는 교사도 그냥 바라보기만 하는 사람이 대부분이기 때문에 가르친다는 일 특성상 '말만 하는 사람'으로 끝난다. 이는 학문(오늘날의 과학)이란 기본적으로 바라보기만 하는 세계를 말하는 것으로, 말만 하는 것으로 끝나는 경우가 많다. 그래서 교사 생활밖에 하지 않은 선생이나, 학자는 세상일에 어둡다. 이뿐만이 아니라 이 세상의 기본적 구조도 평생 모른 채 살아가는 것이다.

신앙이란, 인간이 복권을 사는 것과 같이, 또 천국은 마치 좋은 진주를 구하는 장사와 같으니 가게에서 천국(하나님)을 사는 것과 비슷하다(마태복음 13장 45절). 옷을 구입할 때도 여러 가게가 있지만 모든 가게에 들어갈 수 없다. 한 가게만을 선택하지 않으면 안 된다. 그리고 무료로 받을 수도 없다. 바라보기만 할 때는 무료이다. 이는 많은 돈을 걸면 걸수록 배당금도 크다는 복권과 비슷한 점이 있다.

신앙이란 사람과 하나님 간의 개인적인, 그것도 인격적 교제이다. 여기서부터 자신의 주변 세상과 관계를 맺게 된다. 그렇기 때문에 종교의 역할은 지금 살아 있는 자신의 존재가 문제의 중심이 된다.

이러한 자신을 제1자의 입장에 두는 종교는, 자신을 제3자의 입장을 두는 과학의 견해나 결론과 맞지 않는다. 오히려 맞아서는 안 될 것이다(수단이 목적을 통제해서는 안 된다.).

다시 논하겠지만, 종교, 신앙은 인생이나 세계, 국가의 의미, 가치, 목적, 목표를 문제시한다. 이것이 정해지고 나서 처음으로 과학이라는 수단, 도구가 등장할 수 있을 것이다. 이것이 바뀌면 안 될 것이다.

죽음의 세계

　　　　　　　(1) 진리와 사실과의 근본적인
차이는 사실은 단순히 대상의 현실과의 일치를 의미하는 것
에 대해, 진리는 사실에 더해져, 이 사실이 어떠한 의미, 의
의를 가지고 있는가를 묻는 가치 판단이 더해져서 진리라는
것이 되는 것이다(이 사실은 이미 전장에 이야기했다.).

　그러나 생명은 생명 자체에서(열매) 낳지만, 가치는 그 가치
만을 존재할 따름이다.

　이것을 염두에 두고 생각해보면, 물질과 이를 탐구해서
나온 사실 세계는 그것이 죽음의 세계이기 때문에 생명이
없다. 따라서 이보다 가치나 의미를 부여한다는 것은 처음

부터 없기 때문에 이들로부터는 태어나지 않는다.

여기서 만약에 가치라든지 의미 부여가 생겼다고 하면, 이미 그 사실이라고 하는 것에 인간의 주관이 들어가 있는 것은 명백하다. 만약 인간의 주관을 사실에 넣으면 이는 이미 사실이 아니고 오류이다. 따라서 주관이 들어가면 안 되는 사실을 탐구하는 자연과학은 주관이 부여된 진리에 대해서 논할 수 없다. 나아가 인간이 살아가는 목적 등의 철학이나 종교의 근본 문제 등을 논할 능력은 없는 것이다.

불경에서는 '색즉시공'(色卽是空)이라고 해서, 현실 세계는 '공'이어서 실체가 없다고 주장한다. 이것은 우주, 자연 그 자체에는 아무 의미도 가치도, 이들을 만들어 내는 원인도 없으며, 이러한 것이 있다고 생각하는 일이 망상이기 때문에, 이를 탐구하는 것은 포기하라고 말하고 있다. 또한, 솔로몬 왕은 지상의 모든 것은 모두 '공'이기 때문에 하나님을 알지 못하는 인생은 아무 의미가 없다(전도서 전장)고 말하고 있다.

이와 같이 고대에서 가장 지혜가 있는 사람들이 자연을 아무리 찾아봐도 거기에는 그 자체에는 의미도 가치도 없다고 말하고 있다.

이렇게 해서 씨앗이나 뿌리가 없는 곳에 새싹이 나올 리가 없는 것과 마찬가지로 사실의 세계, 즉 과학을 아무리 연구를 해도, 또 이 과학에 기반을 둔 사상(마르크스주의 근본에는 유대교적 가치 사상 등이 있기 때문에 가치 판단이 동반되는 것은 당연하다)을 아무리 연구를 해도, 이들 가치나 의미, 목적 등을 다루는 인간의 삶에 대해서 해답을 가질 수가 없다. 즉, 죽음의 물질(없어질 것) 세계는 생의 인간(영) 세계를 지도할 수는 없다.

(2) 다음으로 과학은 그 방법에 있어 이미 인간의 삶에 대해서 논할 자격이 없다는 것을 생각해보자.

과학의 방법은 먼저 대상을 파악할 때 객관적으로 대상을 보려고 한다. 즉, 주관이 주입되는 여지를 완전히 없애고 대상을 본다. 적어도 사람의 주관에 따라올 수 있는 독단이나 편견 등을 배제하는 것에 의해 대상의 참모습을 보려고 한다(이 근본에는 의식에서 떨어져도, 사물은 존재한다는 형이상학이 있다.).

이 객관적이라는 것은 대상 파악을 하려는 당사자가, 제 3자 즉, 방관자 입장에 있으며, 항상 공정한 판단을 내릴 수 있는 위치에 자신을 두려고 하는 것이다. 그리고 이 제3자에 자신을 두려고 하는 것은 자신이 언제나 당사자가 되지 않는다(손님)는 것이다. 이러한 자기 자신의 제3자적 입장이야말로 과학적 태도의 본질이다.

따라서, 사실의 진상이 올바르다고 판단되어도, 자신은 결코 사실의 당사자가 될 수 없다(보기만 하는 사람)는 문제를 처음부터 가지고 있다. 그래서 과학은 타인의 존재를 언제든지 문제시할 수 있어도, 실존(자신의 존재 자체)을 문제시할 수는 없는 것이다.

모두가 알고 있는 것은, 살아 있는 인간은 살아가지 않으면 안 된다는 생존의 근본적 사명을 가지고 있다. 나 자신이 살아가지 않으면 안 된다는 일은 제3자의 문제가 아니라 당사자인 나에게 중대한 최대의 관심사이다. 이에 대하여 과학은 당사자인 자신을 제3자 입장(관찰자)으로 두는 것이 기본적 방법이기 때문에, 과학에는 행복이란 무엇인가? 사람은 무엇 때문에 살아가는가? 사람은 어떻게 살아가야 하는가? 등 자신의 생존이나 생명의 의미에는 조금도 언급할 수가 없으며, 해답을 낸다는 것조차 할 수 없는 것이다.

외부로부터의 방관자로서, 자연 현상으로 인간을 관찰하고 있었지만, 방관자가 아닌 입장에서 인간을 관찰했을 때, 지금까지 알고 있었던 인간은 사실은 잘 알지 못하는 존재였다는 것을 알게 될 것이다. 외부로부터 손님 처지에서 그냥 바라만 본다는 것은 현상만을 추구하고 있는 것이 되고, 현상이란 단순히 매미의 껍질을 보는 것과 같은 것이라고 말할 수 있겠다. 이 껍질을 잡아서 진리를 탐구해도 무의미한 일이다.

자주 있는 질문

불교에서도 만다라가 우주를 나타내고 있다는 등 자주 우주라는 단어가 나온다. 그러나 이 경우의 우주라는 것은 천체의 우주와 다른 것입니까? 도대체 우주란 무엇입니까?

답

과학과 불교의 가르침은 우주란 것은 그 자체로부터 삶에 이르기까지 가르치는 신앙 그 자체가 신이라고 생각한다. 그러나 과학이란 우주는 과학 그 자체가 항상 객관적으로

보기만 하는 사람과 이를 실행에 옮기는 사람(객관과 주관)

생각하니 자기를 제3자이고 그 우주에 삶의 존재를 생각 안하고 있다. 그리고 보니 우주의 객관적인 진상을 정확히 파악은 하고 있다. 우주 안에서 자기가 있는 것을 모르고 자기 삶의 의미라든가 삶의 질문도 안 하고 있다.

그러나 불교에서 생각하는 우주는 자기를 우주의 중심에 있다는 주관적인 생각을 한다. 그래서 우주와 일체라고 생각하고 자기를 신이 된다고 생각하고 현상을 숙명적으로 받아들이고 있다.

그러나 그리스도교는 우주는 사람과 신이 존재하는 곳 생활의 터전이라 생각한다. 어리석은 자는 우주 자연, 삶의 의미, 살아가는 것을 묻지 않고 있다.

사랑(관계)으로
결정된다

사랑(관계)으로 결정된다

　　　　　'부모와 돈은 언제까지나 존재
한다고 생각하지 마라'라는 말이 있다. 이 반대로 '재앙과
근심은 언제까지나 없다고 생각하지 마라'라는 말도 있다.

　부모도 돈도 감사한 것이지만 언제까지나 존재하지 않는
다. 언젠가는 없어질 때가 반드시 온다(이에 따른 대비가 없으면 재
앙과 근심이 될 것이다.). 자식(인간)은 부모(돈)가 없어지면 처음으로
부모(돈)의 감사함을 알게 된다. 부모(돈)와 관계를 맺음으로
자신이 살아간다는 것을 알게 된다.

　그러나 부모에게 버림을 받고 배신을 당해도 언제까지나
응석을 부리고, 의존할 수 있으면 부모의 사랑도 은혜도 느

끼지 못한다. '당연하다' '당연한 존재' '받는 것이 당연하다' 라는 것은 무섭다.

공기도 물도 많이 있어, 개인의 안전도 언제나 보장되는 일본에서는 이러한 가치를 모두 모르고 살아간다.

즉, 한 번도 '무관'한 적이 없다고 생각해보면 '무관하면 무 (無)가 된다'라는 당연한 일을 알지 못한다. 무관하게 되어도 여전히 '아직 존재(있다)한다, 도와줄 것이다'라고 생각하고 있는 것이다.

그러나, 한 번이라도 부모에게 버림을 받거나, 혹은 자신 이 스스로 부모한테서 떨어져, 아무 도움도 받지 않는다는 상황, 즉 관계가 없어졌을 때 처음으로 '무관은 무(無)'하다고 깨닫게 된다.

일본인 부모들과 같이 신뢰할 수 있는 '자연이라든지, 세 상 전체'가 끊임없이 격변하는 여러 외국 세계에서는 인간 자신이 생활을 지키기 위해, 혹은 자신들의 이상(종교나 사상= 신의 형태)을 지키기 위해, 변화하는 자연이나 사회에 대응하 면서 살아가야 한다. 사람은 여러 요소와의 관계, 즉 관계를 맺는 방법을 의식하지 않으면 안 된다.

자연이나 사회라는 공간이 신뢰할 수 없을 정도로 변하는 세계에서는 특히, 관계를 맺음으로써 비로소 존재하고, 관계가 끊어지면 없어진다. 또 관계를 맺는 상대에 따라, 자신도 타자가 된다는 의식을 크게 가진다.

관계를 통해 비로소 살아간다

어릴 적 야구를 하는데 친구가 홈런을 쳤다. 그러나 공이 너무 멀리 날아가서 풀숲에서 잃어버렸다. 친구들과 함께 공을 찾아보았지만 결국 찾지 못했다. 그러자 친구들은 '공이 없다'라고 외쳤다. 나는 큰 목소리로 '멍청한 것. 조금 전까지 있었는데 없어질 리 없다. 어딘가에 있을 것이다. 그냥 위치를 찾을 수 없는 것뿐이다'라고 말했다.

분명 지금까지 존재한 것이 갑자기 없어지지는 않는다. 그냥 무관한 관계가 된 것뿐이다. 물론 무관한 관계에서는 야구를 한다는 목적에 도움이 되지 않는다. 공은 아직 존재

함이 틀림없으나, 풀숲 속에서 '사람들 모르게 존재'하고 있으면 의미가 없는 것이다.

그러나 많은 사람들(상식적인 발상)은 그냥 존재만 할 뿐 아무런 관계가 없어도 '존재한다는 것' 자체만으로 가치나 의미를 가진다는 생각에 빠지기 쉽다. 그렇게 되면 관계라든지, 사랑이라든지, 인격적 교제라는 것이 문제시되지 않게된다.

그러나 만물은 관계에 의해 생기고, 관계(말을 바꾸면 사랑)에 의해 존재하는 것이다. 따라서 관여에 따라서는 무엇이든 존재하는 것이 된다. 관여 없이는 무엇 하나 존재하지 않으며, 존재한다고 해도 없는 것에 가깝다. 무관은 유에서 무로 바꾸게 되기 때문에 살아 있는 것조차 죽어버린다.

사람은 물론 생물은 혼자(한 마리) 살아가지 못한다. 혼자 살아가서는 안 된다. '악'이란 혼자 살아가려고 하는 것이며, '선'이란 모두 함께 살아간다는 것으로 생각해도 무방할 것이다(모두가 살아가는 길을 연 것이 예수이며, 그것은 그의 십자가의 사랑에 나타나고 있다. 관여해야만 존재하며 살아갈 수 있다. 이것이야말로 사랑인 것이다.).

이 '관계에 의한' 것이란, 더 중요한 문제를 내포하고 있다. 관계하는 상대와 그 관계 형태에 따라 그 성질과 의미가 전혀 다르게 되며, 별도 다른 것이 된다는 점이다.

하나님의 말씀 없이 살아갈 수 없다

　　　　　그러나 이것을 기독교인들도 신학자들도 모르고 있다. 성경은 아무도 읽지 않아도, 그 말씀을 누구에게도 전하지 않아도, 풀숲에 있는 공과 같아서 존재하는 것만으로도 의의가 있다고 생각하고 있다. 무엇보다 성경은 하나님의 말씀이니까 당연히 성경 말씀을 하나하나 그대로 믿으며, '성경만이 복음'이라고 생각한다.

　인간도 사물도 관계를 맺음으로 존재한다는 것은, 관계하는 대상에 의해 그 본체의 표출도 전혀 달라진다는 점이다. 또한, 만약 달라지지 않는다면 그것은 살아 있는 것이 아니기 때문이다.

신앙이 깊다고 생각하는 대다수 사람은 예수(하나님의 말씀)나 석가가 살아 생존 시 언급한 말이 성경이나 불전(佛典)에 그대로 기록되었다고 생각한다(이렇게 생각하는 자들만이 신앙 깊은 사람이고, 그렇지 못한 사람은 신앙이 없다고 생각한다.).

그러나 사실은 그렇지 않다. 성경만을 보면 저자라고 전해지는 마태, 요한, 누가 등은 예수를 만나고 믿었으며, 그들 눈에 보인 예수를 그들의 신앙의 증거로 '예수의 전기'를 쓴 것이다.

그렇기 때문에 사실과는 다르다. 즉, '그의 제자들의 해석이기 때문에 결코 역사적 사실의 기록이 아니다'라고 한다. 그래서 실제 모습은 어떠했는지, 역사적으로 생각하면 어떠한지(역사적 예수의 탐구)를 열심히 탐구한다. 그리고 그 결론에는 탐구 자체가 '불가능한 것이 밝혀졌다'라는 것이다. 예를 들어 아카이와 사카에(赤岩栄) 등 많은 신학자의 결론을 들 수 있다.

(이러한 처음부터 명백한 결론 〈아래의 '사실의 진실'을 참고〉에 이르렀다고 아연실색하여 신앙 등을 버린다는 것도 어리석은 일이다. 그러나, 다른 한편으로 이렇게 되기 전에 예방책으로 성경이 가진 모순을 일절 인정하지 않는 복음파의 위선에는

도저히 찬성할 수 없다.)

그러나 이것은 그 저자 입장에서는 부정하기 힘든 사실인 것이다. 그 이유는 당시 살아서 예수를 만난 사람들을 제외해서는 예수에 대해 알기 힘들기 때문이다. 즉, 어떤 사실도 사람이 보는 한, 그 사람들의 해석이지, 결코 역사적 사실의 기록이 아닌 것이다. 어떤 일이든 그 사실을 보고 들은 사람을 제외해서는 아무것도 알 수 없다.

그리고 인간이라고 해서 인간 모두가 견문 능력이 있는 것이 아니다. 살아 있는 한 사람의 인간이 하는 것이다. 이 한 사람의 인간이랑, 먼저 살아가지 않으면 안 되는 자신인 것이다.

살아가야 한다는 것은 타인이 아닌 자기 자신인 것이다. 자신이 있는 한 주관적이고 편견이나 오판이 넘쳐난다. 그러나 그것은 자신을 만나준 유일한 사람인 하나님의 아들인 것이다. 그렇기 때문에 자신만의 것이다. 이것은 자신이 이 세상에서 단 한 명뿐인 것과 같이 구원주인 예수도 단 한 명뿐인 존재인 것이다. 이 하나님의 아들과 만남이야말로 신앙이 되는 것이다.

여기에는 앞서 언급한 지동설이나 천동설 같은 문제가 있다. 만약에 예수의 언동을 비디오로 촬영해 둘 수 있었으면, 그것은 지동설적으로 예수를 정확하게 알 수 있었을 것이다. 그러나 그것은 어디까지나 기계가 찍은 예수 그리스도에 불과한 것이다. 그렇기 때문에 인간이 보지 않으면 풀숲 속에서의 공과 같은 것이 되는 것이다.

예수를 만났던 사람들은 일부 인간들이다. 이 일은 너무 중요한 일이다. 인간 모두가 예수를 본 것도 아니며, 그의 말을 들은 것도 아니다. 그들은 철저히 자기중심적으로, 천동설적으로 살아갔다. 그들은 결코 과학자들과 같이 객관적으로 제3자의 방관자로 있었던 것이 아니다. 만약에 그렇다고 하면 아무도 예수를 믿지 않을 것이다. 앞서 언급한 바와 같이 사람은 방관자로 있는 한 믿음이 생긴다는 것은 불가능하기 때문이다.

하나님의 아들을 촬영하는 인간
수상기(受像機)

어떤 물건의 무게가 7그램이라고 해도, 그 무게를 잴 수 있어야 7그램이라고 결론을 낼 수 있을 것이다. 무게를 잴 수 있는 저울 없이는 '무게'는 없는 것과 마찬가지일 것이다. '무한소(無限小)'이기도 하지만 동시에 '무한대(無限大)'이기도 하다. 이와 마찬가지로 무슨 일이든지, '잣대'라는 것이 있으며, 비교하고 파악할 수 있는 것이다. 보통 사람이 하는 일 혹은 언어의 시작은 사물의 판단이다. 이때 반드시 잣대나 저울이라는 도구를 사용하지만, 그 전에 어떤 도구를 사용할지, 그리고 사용 후에 어떤 판단을 내릴지는 자신이 정하는 것이다.

천 근짜리 저울을 생각해보자. 오른쪽 저울 접시에 약을 두었으면, 왼쪽 저울 접시에 7그램의 추(분동)를 올려 양쪽 무게를 맞추면, 약 무게가 7그램이라고 판단된다. 이것을 모든 사물을 평가하고 판단한다는 기본적인 원리이며, 어떠한 복잡한 일이나 간단한 일도 이러한 구조에서 조금도 벗어나지 못하고 있다. 그렇기 때문에 문제는 저울의 추(분동)의 진위이며, 또 이것은 저울의 정확성에 있다.

성경 말씀은 성경의 말씀대로 살아가는 것뿐 아니라, 말씀을 읽고 듣고, 이것을 함께 하는 자와 같이 있어야만 비로소 의미를 가진다. 텔레비전은 전파를 송출하는 방송국만으로 볼 수 있는 것이 아닌 전파를 받는 텔레비전이 필요한 것과 마찬가지이다.

그리고 텔레비전 수상기면 규격은 같아서 같은 영상을 보낸다. 그러나 하나님의 전파를 받는 인간(수상기)은 매우 다양하다. 인간의 다양성은 우열을 가리는 단순한 것이 아닌 모두 하나님이 창조하여, 상호 비교할 수 없는 개성적인 것이다.

그렇기 때문에 인간의 숫자만큼 다양한 그리스도상(像)이 존재한다. 그러면 이를 잘못된 것이라고 말하는 사람이 나오겠지만 그렇지 않다. 다양한 그리스도상이 있으므로 인간들과 내면에 있는 하나님의 아들도 살아갈 수 있는 것이다.

그러나, 물론 이 인간 수상기에 비추는 그리스도상은 그 인간과 매우 유사하다. 이는 자신의 신체나 마음을 기준으로 대상을 자신의 몇 배인가, 혹은 몇 분의 일인가를 측정만 하기 때문이다. 그렇기 때문에 상대를 측정한다기보다 자신을 측정하고 있는 것이다. 예수가 말하기를 '너희의 비판하는 그 비판으로 너희가 비판을 받을 것이요 너희가 헤아리는 그 헤아림으로 너희가 헤아림을 받을 것이라(마태복음 7장 2절).

그렇기 때문에 우리가 하나님이 기뻐하는 이상적인 인간이 되도록 노력해야 할 것이다. 이를 위해서는 자신의 내면에 있는 하나님의 아들인 그리스도상을 하나님의 이상에 가깝도록 마음을 다스리지 않으면 안 된다.

창세기 1장 27절에는 '하나님이 당신의 형상으로 사람을 창조하셨으니'라고 있는 것과 같이 우리는 하나님의 형상으로 만들어졌다. 또한 '그리스도는 하나님의 모습을 지니셨으나'(빌립보서 2장 7절)라고 적혀있으니, 그리스도는 한편으로는 하나님이 어떤 형상을 한 것인가를 사람으로 나타낸 것으로, 한편으로는 사람의 이상이 무엇인가를 행동을 나타낸 것이다.

그래서 베드로가 말하기를 '그리스도께서는 여러분을 위하여 고난을 겪으심으로써 여러분이 자기의 발자취를 따르게 하시려고 여러분에게 본을 남겨 놓으셨습니다'(베드로전서 2장 21절).

사실의 진실성

'본다'라는 것은 자신의 겉모습을 찾는 일이다. 즉, 자신으로부터 조금이라도 벗어나지 못한다. 고양이나 돼지, 바퀴벌레는 각자 그들 나름대로 세계를 보고 있다.

이와 같이, 자기와의 비교에 불과한 '사실'을 마침내 파악한다고 해도 이것은 하나의 사실이지만, 진정한 사실이 아니다.

지금 언급한 바와 같이 대상을 관찰할 때 과학적 방법은 자신을 제3자로 둔다. 즉, 무관한 자세를 가짐으로 관찰 대상에 대해 파악하려고 한다. 그렇기 때문에 의식이 없어도 사물은 존재한다는 사상을 만들고, 나아가 사물은 상호 관련이 없어도 존재한다는 철학으로까지 발전했다.

물론 의식이 없어도 사물은 존재한다. 그러나 그 사물은 결코 인간이 인지할 수 없는 사물이라는 것을 알고 있어야 한다. 반대로 과학에서 취급되는 문제는 모든 인간의 의식과 관련이 있다는 점을 인식해야 한다.

여기서 재차 주의하고 싶은 것은, 관계되는 것이 다른 것이 되면 대상도 변한다는 것이다. 즉, 관계되는 것이 그 대상을 규정한다는 점이다. 그래서 만약 인간과의 관계가 전혀 없는 것이 있다고 하면, 그것은 그냥 막연한 것에 불과한 존재이다.

이렇게 생각해보면 사물과 다른 것들도 관계를 맺지 않는다면 그것은 존재하거나 무존재라고 말할 수 없는 상태가 된다. 현실적으로 말하면 다른 것과 무관한 것은 없는 것에 가깝다고 생각해야 할 것이다.

모든 것이 무엇인가와 관계를 맺음으로써 비로소 존재한다. 무엇인가와 관계를 맺음으로 처음으로 그 사물의 성격이 규정되는 것이다. 처음부터 다른 것과 무관한 사물은 존재하지 않으며, 또한 처음부터 그 성격도 규정되지 못하는 것이다.

과학적 방법은 실험이나 관찰을 통해, 대상의 객관적 파악을 목적으로 한다. 이것은 대상을 인간적으로 이해하는 범위에 제한시키는 행위로서 대상이 무엇이든지 관심을 가지지 않고 있다. 대상은 결코 인간이란 한계에 제한시키고 있다.

따라서 대상을 객관적으로 파악한 사실이라고 해도, 인간이 취급을 하기 때문에 이 사실은 이미 목적이라는 점이 포함되어 있으며, 가치가 이미 점유하고 있다. 그 사실이 왜 취급하지 않고 있는지 또는 왜 그 방법을 취하지 않고 있는 것일까?

이와 같이 객관적 사실이라고 해도 결코 객관적이지 않으며, 인간의 주관이 사실을 주관적으로 만들었을 뿐이다.

이 과학적 방법은 대상 파악을 위해 'M'이나 'G' 등의 공식을 만들었으나 이는 보잘것없는 척도이며, 이 척도에 위배되는 것이 없으면 정답이라고 생각하는 가설을 설정하고 이를 기준으로 해서 사실을 규정하기 시작했다.

여기에 다음과 같은 문제가 발생한다.

1. 지금까지 말한 것처럼 인간은 인간의 기준으로, 즉 인간의 형태로 자연을 변형시키는 것만이 자연을 파악할 수 있기 때문에 인간은 자연의 실상이라는 것을 알지 못한다.

2. 무엇인가 기준으로 만들지 못하면 객관적으로 사실을 파악할 수 없다. 그래서 이 기준이 되는 것을 찾고, 찾은 기준에 대해서는 절대적 권위를 부여한다. 그리고 이 기준을 절대적으로 보고, 대상을 절대적으로 보지 않는다. 무엇이든지 획일적으로 평가를 내리게 된다.

3. 사실 진상의 파악이라는 것에는 '규정한다'라든지 '규제한다'라는 성격을 지닌다. 여기서 고정될 수 없는 것을 고정하고, 제한할 수 없는 것을 강제로 제한하여, 결국 대상 본질의 의미를 흩트려 놓는다. 그리고 그다음에 전형적으로 나타나는 과정이 인간에 대해 평가를 해, 인간의 운명이나 지성, 성격 등에 인간의 평가, 판단을 내리게 한다(심리학자나 점술가 등이 주로 이렇게 한다.).

인간은 이러한 평가를 믿고, 그 제한 속에 갇히게 되어 미래를 위한 의욕도 잃게 된다.

성령의 개재(介在)

성경 말씀은 성경과 이를 읽는 사람만이 의미를 가지는 것은 아니다. 성경을 읽고 생활에 적용하지 않는다면, 읽기만 해서는 '과연'이라고 생각되어도 그 이상 진전되지 않는다.

그러나 여기에 하나님의 영이 들어가게 되면, 하나님의 말씀은 진정 살아 있게 된다. 이는 인간은 아무리 이성적이라고 해도, 그 안에 있는 영(靈)에 의해 마음이 좌우되기 때문이다. 사람에게 감동을 주고, 주지 않고는 인간을 지배하고 있는 영에 의한 것이다.

그래서 사도 바울은 '신령한 것을 가지고 신령한 것을 설명하는 것입니다'라고 말했다(고린도전서 2장 13절).

아무리 성경을 읽어도, 아무리 지식 교양이 있어도, 어떠한 학식이 있어도 이를 존재하게 한 하나님의 영이 움직이지 않으면 '진실'은 이해 못 하는 것이다. 이와 같이 하나님의 말씀인 성경도 살아 있는 인간과 하나님 성령의 움직임이 불가결한 것이다.

같은 말을 들어도 전혀 다른 것으로 이해를 할 수 있다. 예수는 자신의 가르침을 비유로 설명했다. 이것은 그 사람들의 신앙에 따라 이해할 수 있도록 배려한 것이다. 그렇기 때문에 예수가 말하기를 '가진 사람은 더 받아서 차고 남을 것이며, 가지지 못한 사람은 가진 것마저 빼앗길 것이다'(마태복음 13장 12절).

신앙이 있는 자는 신앙의 힘을 움직여 긍정적으로 생각하여 결국 신앙이 깊어진다. 그러나 신앙이 없는 자는 의심하여 부정적으로 생각하기 때문에 나쁜 점밖에 보지 않아 결국 불신을 가지게 된다.

그때 사람들이 귀신이 들려 눈이 멀고 말을 못

하는 사람 하나를 예수께 데리고 왔다. 예수께서 그를 고쳐주시니, 그가 말을 하고 보게 되었다. 그래서 무리가 모두 놀라서 말하였다. '이 사람이 다윗의 자손이 아닌가?' 그러나 바리새인들은 이 말을 듣고 말하였다. '이 사람이 귀신의 두목 바알세불의 힘을 빌리지 않고서는 귀신을 쫓아내지 못할 것이다'(마태복음 12장 22-24절).

위의 내용처럼 예수의 기적을 같이 봤어도, 기적을 믿고 예수를 믿는 자들과 더 의심하는 자들로 나누어진다.

이와 같이 내면에 있는 영에 따라 전혀 다른 해석이 생긴다. 예수는 이와 같은 일에 대해 다음과 같이 말했다.

'너희에게는 하늘나라의 비밀을 아는 것을 허락해 주셨지만, 다른 사람들에게는 그렇게 해주지 않으셨다'(마태복음 13장 11절).

실제 우리들의 경우를 보면, 거울을 보는 자신의 얼굴이 매일 다르게 보이는 것 같이, 같은 성경 말씀을 읽어도 자신의 신앙은 매일 다르기 때문에 전혀 다르게 해석할 수도 있다.

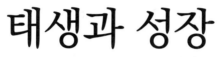

태생과 성장
(종교나 과학이 태어난 환경)

태생과 성장 (종교나 과학이 태어난 환경)

어떤 것이건 현실에 존재하는 한 어딘가에 있다. 어딘가에 없으면 그것은 존재할 수 없다. 모든 것은 어딘가에 있어야만 존재하는 것이다. 그렇기 때문에 먼저 거기에 '왜 존재하는가?'라는 필연성을 생각해야 한다.

A가 어딘가에 있다는 것은, A가 그 장소와 조화를 이루고 있는 것이기 때문에, 그 장소에서 A를 추측할 수 있으며, 반대로 A로부터 그 장소도 상상할 수 있다. 또한, 조화함으로써 존재할 수 있기 때문에 당연히 서로 영향을 주고받는다.

이것은 민족이나 그 민족의 문화·사상, 그들의 생활 환경이나 종교에서도 마찬가지일 것이다. 이 경우에 그것이 존재하는 장소나 환경의 영향력을 무시할 수 없다. 경우에 따라서는 장소나 외견, 용기 등이 그 내용이나 내용물을 결정하는 일도 있을 것이다. 이러한 점에서 목적이 수단에게 정복된 경우, 혹은 이상이 현실에 정복당하는 일이 인류의 역사가 아닐까?

하나님의 말씀이 세계를 만들었다는(요한복음 1장1절) 반대로 세계의 현실에 '하나님의 말씀이 새로 만들어 버렸다'라는 것이 역사의 냉엄한 사실이 아닐까?

어떤 종교가 민족의 문화나 사상, 삶의 방식을 정한 것이 아니라, 민족이 살아온 환경이 그 민족의 문화나 사상, 삶의 방식을 정했으며, 그 삶의 방식이 종교의 성격도 정한 것이다. 그러므로 창시자들과 전혀 관계없다고 생각되지 않는다. 그래도 나름대로 통용되는 것이다. 그러므로 반대로 창시자들이 주장한 가르침은 잘못된 것이고 이단이라고 불린다.

인간의 좋고 나쁨을 국가가 결정할 때 법률로 결정한다.

그 척도가 되는 법의 기준이 되는 것은 물론 헌법이다. 그러나 그 헌법을 누가 심판할 것이다. 이러한 척도의 척도 그 자체를 문제시하는 일을 회피하려는 경향이 일본에서는 강하다. 원래 이러한 문제시한다는 풍토가 없기 때문일까?

성경(말씀)으로 성장시킨 자연환경

오랫동안 비가 내리지 않은 사막은 가혹하고 생명이 없는 죽음의 세계이다.

인생은 그 날이 풀과 같고, 피고 지는 들꽃 같아.
바람 한번 지나가면 곧 시들어, 그 있던 자리마
저 알 수 없는 것이다(시편 103편 15절, 16절).

사막에 뜨겁고 건조한 바람은 즉시 초목을 시들게 한다. 그것은 사용하기 용이한 장작이 될 정도로 시들게 한다. 구약성경을 전한 유대인들이 생활한 자연과 사회는 무섭고 가

혹했다. 또한, 그것은 대변혁을 이루었다. 즉, 유대인들은 자연이나 사회가 끊임없이 그들을 배신하였기에 자연이나 사회를 믿지 않았다. 그래서 유대인들은 자연이나 사회를 넘은 다른 곳에서, 자연과 사회를 창조하고 지배한 영원한 신을 찾아 믿기 시작한 것이다.

천지를 지으신 주님이 우리를 도우신다(시편 124편 8절).

자연은 어디까지나 신의 창조물이며, 언젠가는 파괴되는 것이다. 사회도 시대와 함께 변혁되는 것이다.

이전의 하늘과 이전의 땅이 사라지고 바다도 없어졌습니다(요한계시록 22장 1절).
너희는 힘 있는 고관을 의지하지 말며, 구원할 능력이 없는 사람을 의지하지 말아라(시편 146편 3절).

이와 같이 성경에 의하면, 자연도 자연에 살아가는 인간도 변하기 때문에 신뢰할 수 없는 것이다. 또한, 사람은 자연이나 국가, 사회의 자손들이 아니라 하나님의 자손들이다. 이는 자연과 사회에서는 많은 것을 배울 수 있지만, 사람의 부모라든지 교사라든지 주인이 아닌 인간 개인이 살아가는 장소이며, 생활 수단인 것이다.

성경의 저자가 전제하고 있는 가혹한 사막이나 황야에 있어서도, 이 불모지대에 한번 비가 내리면 변하게 된다. 이로 인해 자연의 초목에는 생명이 되살아난다.

> 주님께 감사의 노래를. 우리의 하나님께 수금을 타면서 노래를 불러드려라. 주님은 하늘을 구름으로 덮으시고, 땅에 버릴 비를 준비하시어, 산에 풀이 돋게 하시며, 들짐승과 우는 까마귀 새끼에게 먹이를 주신다(시편 147편 7-9절).

이러한 환경 속에서는 인간 생명은 하나님이 계신 하늘에서 비와 함께 오고. 그렇기 때문에 대지(자연) 속에는 없다'라는 자연관이 나오게 된다.

그리고 이것이 발전하면, 자연스럽게 다음과 같은 결론이 나온다. 만물은 하나님이 관여하는 곳에서 시작되며, 살아서 변화를 이룬다. 그렇기 때문에 하나님의 역사가 없는 경우에는 만물은 만들어지지도 소명되지도 않는다. 또한, 하나님으로부터 오는 영(靈)이 없으면, 아무것도 생명을 가질 수 없다.

그렇기 때문에 성경에는 다음과 같이 적혀있다.

흙을 모아 하나님의 형상을 만들어도 사람은 숨 쉴 수 없다. 흙에는 생명이 없기 때문이다. 여기에 생명의 근본인 하나님의 입김(하나님의 영靈)을 불어 넣어야만 사람은 숨을 쉰다.

이 하나님의 입김(영)이야말로 사람을 진정 숨 쉬게 하는 것이며, 만물의 가치를 정하는 것이다.

하나님의 영이 나를 만드시고, 전능하신 분의
입김이 내게 생명을 주셨습니다(욥기 33장 4절).

창조된 것이란 원래 도자기와 같이 생명이 없다. 또한, 매우 무능하고 불완전한 것이다. 그렇기 때문에 범죄를 일으켜 참회를 해야 할 필요성이 생긴다.

만물은 하나님이 만들어야만 처음으로 존재하게 된다. 하나님에 의지하여 처음으로 존재하게 된다. 또한, 하나님의 입김(영)을 받음으로 처음으로 숨 쉴 수 있는 것이 인간이다. 그리고 자연은 이 하나님의 입김을 받은 인간이 살아감으로써 비로소 생명을 가질 수 있다.

> 피조물은 하나님의 자녀들이 나타나기를 간절히 기다리고 있습니다. 그것은 곧 피조물도 썩어짐의 종살이에서 해방되어서 하나님의 자녀가 누릴 영광된 자유를 얻으리라는 것입니다(로마서 8장 19, 21절).

물건의 가치는 그 물건의 생명이지만, 이도 하나님의 입김이 들어감으로 비로소 그 가치가 나타난다. 그러나 이러한 것도 사람을 거쳐야 한다. 하나님의 입김이 인간에게 생명을 주고, 사람은 물건의 가치를 만든다.

험난한 자연을 가진 지역에서 태어난 것이면, 이상과 현실을 분명히 구별하여, 매우 냉혹하게 현실을 직시하고, 이상은 이상으로 또한 현실과 구별하지 않으면 안 된다. 그러나 이러한 사막이라는 초목이 자라지 못한 죽음의 세계에 하늘로부터 비가 내리면, 상황이 바뀌어 생명이 넘치는 녹지로 변한다. 생명이 대지에 주어진 것이다. 이러한 변화를 볼 수 있는 곳에서는 '대지의 현실은 죽음이고 지옥이며, 이상 세계는 하늘에 있다'라고 쉽게 생각하게 된다.

> 모든 사람을 공의로 다스리는 왕은, 하나님을 두려워하면서 다스리는 왕은, 구름이 끼지 않은 아침에 떠오르는 맑은 아침 햇살과 같다고 하시고, 비가 온 뒤에 땅에서 새싹을 돋게 하는 햇빛과도 같다고 하셨다(사무엘 하 23장 3-4절).

비가 온 뒤에 땅에서 새싹을 돋게 한다는 현실을 볼 때, 공의로 다스리는 자, 즉 구원자의 등장도 이와 같다. 이는 하늘이라는 이상 세계에서 왔으며, 그 변화는 혁신적인 것이다.

이는 예수가 가르쳐준 기도문에도 '그 나라를 임하게 하여 주시며, 그 뜻을 하늘에서 이루심 같이 땅에서도 이루어 주십시오'(마태복음 6장 10절)에도 나타난다.

그러나 비가 많은 동아시아에서는 비가 와도 안 와도, 대지에 큰 변화를 주는 일은 별로 없다. 이러한 지역에서는 '존재한다'와 '존재해야 한다'는 차이가 생기기 어렵다. 현실과 이상의 차이가 별로 없다. 그렇기 때문에 자신의 인생, 사회, 국가, 생활 변화를 싫어한다. 혹은 운명이라고 생각하여, 바뀌지 않을 것이라고 생각한다.

자연이 신(神)이 되는 풍토

　　　　　　　　이와 같이 이상과 현실을 구분
하여 생각하는 서아시아 지역에 비하여 일본이나 중국과 같
은 동아시아의 사계 변화가 뚜렷한 지역에 사는 사람에게는
양자의 구별이 힘들다. 무엇보다 물이 풍부하기 때문에 대
지의 자연 세계에 별로 변화가 없다. 그래서 이러한 지역에
서는 서아시아의 건조지대에서의 자연관은 받아들이기 힘
든 부분이 있다. 동아시아에서는 사계라는 흐름 속에서 자
연은 여러 가지 변화를 일으킨다. 이러한 환경에 살아가는
사람들은 당연히 대지에도 먼지에도 생명이 처음부터 있다
고 생각하게 된다.

또한 '만물은 유전(流轉)한다'라는 말이 있듯이 생물의 내면에 있는 '영(靈)'은 곤충에서 짐승, 나아가 인간에 이르기까지의 각각 변화는 가르마의 법칙 지배하에 있다고 생각한다.

이러한 세계에서는 당연히 사람들은 신은 자연 속에 생명으로 이미 존재 한다고 보든지, 자연 우주 자체가 생명체라고 보고 이를 신으로 생각(불교나 자연과학)할 수밖에 없다.

이러한 풍토에서는 많은 사람은 자연은 신이며, 어머니라고 생각한다. 자연에 대해, 인간은 자연 품에 안긴 '아직 인격을 갖추지 못한 유아'인 것으로 보고 있다. 마치 자신들이 마리아에게 안겨서 잠자는 예수와 같다고 보고 있는 것이다. 자연에 대해 절대적인 신뢰가 있다. 자연이 파괴되거나, 자연으로부터 버림을 받지 않을까 생각할 수밖에 없는 것이다. 그렇기 때문에 자연을 신이라고 생각하는 사고에서는 무관계는 무(죽음)에 가깝다는 의미를 알 수 없는 것이다.

그리고 어머니에게 절대적으로 응석을 부리고, 이 외는 무관계 상태를 가지려고 한다. 또한, 세상 사람들이 말하는 망령에 절대복종하는 삶을 살아가면, 전쟁이나 혁명과 같은 사회체제 자체가 격변하지 않는 한 무관계는 무에 가깝다는 체험을 하기 힘들다.

유목과 농경이라는 생활 차이에서 생긴 것

기름진 초원에서 내가 그들을 먹이고, 이스라엘의 높은 산 위에 그들의 목장을 만들어주겠다. 그들이 거기 좋은 목장에서 누우며, 이스라엘의 산 위에서 좋은 풀을 뜯어 먹을 것이다(에스겔서 제34장 14절).

이것은 성경 저자의 생각이다. 곧 구원주가 오면 이렇게 된다는 예언이다.

가축 또는 양을 키우는 유목민들은 풀이 있는 곳을 찾아 헤매게 된다. 풀이 없으면 풀이 '존재하는 곳' 혹은 '반드시 존재하는 곳'에 이동한다. 풀이 반드시 존재하는 곳에 존재해야 할 것이 없을 수도 있다. 이는 인간이 만든 것이 아니다. 그렇기 때문에 존재와 존재해야 하는 것의 차이는 인간의 노력과 이해를 뛰어넘는 것이다.

그러나 농경사회에서는 존재해야 하는 곳에 존재하는 것이 없다는 것은 인간이 게으르기 때문이라고 생각한다. '존재'와 '존재해야 한다'는 차이는 자신의 노력이 있는(존재)가 없는가의 차이는 쉽게 설명할 수 있겠다.

농경사회에서 생활하는 사람들은 그것이 어떤 지역일지라도, 그 토지에 절대적으로 집착한다. 그리고 일본과 같은 섬나라에서는 다른 곳으로 도망갈 수도 없다. 아무리 볼품 없는 토지라도, 좁아도, 희망이 없는 지방에 거주해도, 같은 토지를 열심히 경작하고 여기서 살아갈 수밖에 없다.

또한, 이렇게 되면 모두 다 같이 행동하고, 자기만을 생각하여, 소극적, 보수적인 성향을 보인다.

그렇기 때문에 그 토지라는 환경이 인간의 삶 방식을 결정한다는 생각이 바로 신의 섭리라 한다.

그러나 유목민이나 기마민족은 같은 지역에 있으면 안 된다. 풀이 없어지면 재빠르게 풀이 '존재'하는 곳으로 이동하지 않으면 안 된다. 왜냐하면, 같은 지역에 계속 있으면, 가축은 풀뿌리까지 먹어, 땅이 황폐해지기 때문이다.

또한, 농경사회 인간들은 다 같이 수확하고, 같은 논밭에 나가는 등 동조 행동을 취한다. 그러나 유목민은 '그러나 그 땅은 그들이 함께 머물기에는 좁았다. (중략) 네가 보는 앞에 땅이 얼마든지 있으니, 따로 떨어져 살자. 네가 왼쪽으로 가면 나는 오른쪽으로 가고 네가 오른쪽으로 가면 나는 왼쪽으로 가겠다'(창세기 13장 6절 9절)와 같이 같은 가축을 키운다는 행동은 취해도 다른 땅으로 가지 않으면 안 된다.

또한, 기마민족은 같은 땅에 언제까지나 같은 장소에 있다는 것은 적의 표적이 되기 쉽다. 그렇기 때문에 계속 이동하는 것이 그들의 생활의 지혜인 것이다.

이러한 삶의 방식을 취하는 그들은, '왜 여기서 살아가는가?'라는 의식이 없다. 양의 풀을 먹이기 위해서 그 땅에서 살아간다. 그렇기 때문에 유목민은 유능한 한 사람만을 지도자로 세워 현실적 · 실리적 · 합리적으로 생활할 수밖에 없는 것이다.

살아가는 땅을 바꾼다는 것은 집, 회사 혹은 남편이나 아내까지도 바꾸는 것과 연결된다.

쓸모없는 남편과는 빨리 헤어지고 금세 새로운 남편을 만나므로 오랫동안 만난 입장에서 보면 박정하게 생각된다. 그러나 초면에 알 수 없는 사람에게는 친절을 베풀게 된다.

이러한 행동은 농경사회에서는 좋지 않게 생각한다. 일이나 이성을 바꾼다는 것을 경박하다고 경시한다. 그렇기 때문에 절망적인 회사에서 계속 일하고, 아무 쓸모 없는 남편과 헤어지지 못하는 아내가 있다. 지연, 혈연의 결속이 강하고, 지인에게는 친절하지만 모르는 사람에게는 냉정하게 된다.

이러한 땅의 인간들은 토지, 전통풍습, 집, 부모, 선조를 신으로 모신다. 그러나 가축을 키우는 인간들에게 이러한 것은 어디까지나 생활 수단인 것이다. 신은 이러한 것들을 뛰어넘은 곳에 계신다. 앞으로의 세계는 더욱 도시화, 국제화, 유동화될 것이다. 그렇게 되면 땅에 연연하는 종교는 자신들의 생활 실정에 맞지 않게 되며, 받아들이기 힘든 상태가 될 것이다.

성경은 세계사를 유목민과 농경사회의 인간(아벨과 카인, 히브리인과 가나안인), 근대에는 이주자와 원주민의 투쟁으로 보고 있다. 이 역사관은 전자는 승자, 후자는 패자라고 예언하고 있으며, 현실 역사는 이와 같이 움직이고 있다.

신앙의 아버지라 불리는 아브라함은 태어나서 자란 땅인 바빌론을 떠났다. 여기에 선택받은 민족인 유대인의 기원이 있으며, '존재'를 '존재해야 하는'으로 바꾸기 위해 약속의 땅으로 향한다.

수백 년 후 가나안에 침입한 히브리인(후의 유대인)들은 '지금 이 땅, 사회에서 믿어져 지배하는 종교는 「존재해야 하는 모습이 아니다」 즉, 죄, 악, 오류의 원흉이다. 그렇기 때문에 그 마교로부터 그들을 구해야 한다'는 성스러운 사명으로 살아온 것이다.

이를 하나님의 말씀이라고 하는 평화적 수단으로 싸우는 기독교가 되어도 마찬가지였다. 그래서 선교의 에너지는 존재하는 것과 존재해야 하는 것의 차이에서 생겨났다고 할 수 있겠다.

그러나 성령이 너희에게 내리시면, 너희는 능력을 받고, 예루살렘과 온 유대와 사마리아에서 그리고 마침내 땅끝에까지 이르러 내 증인이 될 것이다(사도행전 1장 8절).

이 그리스도의 예언과 같이, 세계의 죄인 '지금 존재한다'라는 현실을 하나님이 인정하는 '존재해야 하는' 이상으로 바꾸기 위해서는 그리스도의 증인은 땅끝까지 전도해 가는 것이다. 이는 세상의 종말까지 끊임없는 투쟁인 것이다.

끊임없는 전쟁과 이문화(異文化)의 침입

'존재하다'와 '존재해야 한다'의 사이에 차이가 생기지 않는 것은, 다양한 변화가 자연만이 아니라 사회적으로도 적기 때문이다. 전쟁과 이민족, 이문화의 침입은 다양한 가치관의 차이를 노골적으로 표출시킨다.

그들이 그런 말을 하였으니, 보아라, 내가 너의 입에 있는 나의 말을 불이 되게 하고, 이 백성은 장작이 되게 하겠다. 불이 장작을 모두 태울 것이다. 그러므로 나 만군의 주 하나님이 말한다.

이스라엘 백성아, 내가 먼 곳에서 한 민족을 데려다가 너희를 치게 하겠다(예레미야서 제5장 14-15절).

이런 예언이 종종 있었던 국가에서는 사실상 많은 초 대국의 군마(軍馬)에 유린당하게 된다. 그렇게 되면 어제까지 올바르고 아름답다고 생각해 온 것이 이방인, 이문화의 침입에 의해 잘못된 일이라고 생각하게 된다.

1945년 8월 15일 일본에서는 하늘과 땅이 뒤집히는 듯한 급격한 변화가 왔다. 이러한 일이 성경의 세계에서는 자주 일어났다. 그래서 과거(민족의 전통이나 역사)와 현실(이방인의 강제)과 이상(자신들이 선택하는 미래상)의 차이를 명확히 구별하지 않으면 문화적으로 살 수 없는 것이다.

그렇지만 일본과 같은 폐쇄사회에서는 다른 것과 비교할 수 없어 '존재하다'가 '존재해야 한다'가 된다.

또한, 자유가 없는 곳에서는 인간이 무엇 때문에 살아가는가를 묻지 않는다. 있다고 하면, 국가나 사회에 봉사하는 사람만 있게 된다. 이러한 국가나 사회에서는 사상, 종교, 언론이 일원화되어 자유가 없다. 생각하는 자유가 없으면, 사

람이 어떻게 존재해야 하는가를 어느 한 방식으로만 묻게
되어 그 외에 방식으로는 물어볼 수가 없다.

> 오직 각자가 자기의 죄악 때문에 죽을 것이다.
> 신 포도를 먹는 그 사람의 이(齒)만 실 것이다.
> 그러나 그 시절이 지난 뒤에 내가 이스라엘 가문
> 과 언약을 세울 것이니, 곧 내가 나의 율법을 그
> 들의 속에 두며 그들의 마음 판에 새겨 기록하
> 여 나는 그들의 하나님이 되고 그들은 나의 백
> 성이 될 것이다. 나 주의 말이다(예레미야서 제31장 30,
> 33절).

예레미야 시대는 아직 사람들은 집단 전체, 종족(種族) 전체
로 행동하여 개인의 책임을 묻지 않는 시대였다. 부모가 자
식의 결혼을 결정하고, 직업을 결정하고, 죄는 전체 책임이
었다. 또한, 부모의 인과를 자식에게 연좌시켰다.

그러나 그리스도의 시대가 되면서 하나님은 집단 속에 살
아 있다기보다 개인의 마음속에 살게 된다. 이렇게 되면 자

신의 행동 결과는 부모의 책임이나 환경문제가 아니고 자신의 책임이 된다.

자유란, 자립 없이는 성립되지 않는다. 자신 스스로 생각하고, 판단하여, 자기 책임으로 행동한다. 이러한 행동에서 처음으로 인간은 '존재한다'와 '존재해야 한다'는 차이를 알게 된다.

과학 논리와
종교와 과학의 투쟁

과학 논리

과학의 사명은 제3자 입장에서 사물을 명확하게 보는 것이다. '사실'의 정확한 파악이다.

이를 위해서는 먼저 우선시되는 것이 다른 것과의 구별이다. 여기에는 'A는 A이고, B가 아니다' 'A는 A이고, 동시에 A는 A가 아니라고 할 수 없다.' 등의 지극히 당연한 사고로 일관되어 있다. 어렵게 말하면 논리학상의 근거에서 출발한다.

(그러나, 현실의 존재는 후술하겠지만, 그렇지 않고 A는 A이지만 동시에 A가 아니고 B이자 C이기도 하다.)

이 'A는 A이다'라는 것은 인간의 사고 전개와 구조에서 오는 약속인 것이다. 따라서 가정으로, 이는 현상 면만을 제3

자적으로 보려는 과학으로 당연한 태도인 것이다(따라서, 과학은 사실만을 상대하려는 학문이다.).

과학은 특정 현상을 보면서, A(물의 분자)는 A라고 규정한다. 그러나 이 A라는 규정 자체가 가정의 규정인 것이다. 즉, A는 B(수소 2분자와 산소 1분자로 구성)라는 것으로 설명함으로써 스스로 자백한다.

'나는 나이다'와 동시에 '나는 내가 아니다'. 전자는 결과나 사실을 설명하는 것에 대해, 후자는 자기의 존립 근거나 원인, 실상(진리)을 설명하고 있다.

'신'은 혼자 살아갈 수 있다. 그러나 신이 아닌 것은 혼자(단독)서는 살아갈 수 없다(존재할 수 없다). 서로 의지하여야만 비로소 살아갈 수 있다(존재할 수 있다). 어렵게 말하면, 신 이외의 것(자기 혼자만으로는 존재할 수 없는 것)은 결과와 원인을 자기라는 동일한 것 속에 가질 수 없는 것이다. 즉, 자기 자신 속에 자신의 존재 근거(원인)를 가질 수 없는 것이다(타자에 의존한다). 그래서 신 이외의 것은 완전 모순된 존재(A이지만 A가 아니다)인 것이다. 많은 사람은 모순되어 있다고 '오류의 대표'라고 말하지만, 모순이야말로 실재의 진상인 것이다.

이와 같이 현상이나 결과만이 아니라, 존재 원인을 볼 때 모든 것은 자기 이외의 것(대립하는 것이라고 한정하지 않는다)에 의해 지탱하고 도움을 받고, 살아간다는 것을 알 수 있다.

상기와 같이 생각해보면 과학적 논리 방법에서는 사실의 집합인 현상계를 논해도 그것이 존재하고 있는 원인이나 본질을 묻는 실존(진리) 세계 문제에 대해서는 아무것도 통용되지 않는다는 것을 알아야 한다.

이상 과학을 절대시하여, 그 능력의 한계를 넘은 곳까지, 혹은 전혀 자신과 상관없는 다른 장소에 가는 행위는 삼가야 할 것이다.

현대사회에 있어 과학적이라는 것은 상식적이라는 것과 별 차이가 없을 것이다. 그래서 많은 사람은 이 말에 현혹되고 있다. '이 철학은 과학적이다', 혹은 '이 종교는 과학적이다(전혀 과학적이지 않지만)'라고 말하면서, 그 종교나 철학에 가치가 있다고 생각하는 것은 대단히 잘못된 것이다.

왜냐하면, 이렇게 말함으로써 그 종교나 철학을 최고의 진리인 것 같으며, 반대로 생각해보면 '과학적'이라고 말함으로써 과학이 그 종교나 철학보다 가치가 있는 진리를 가진 것이라고 자백하는 것과 마찬가지일 것이다. 또한, 현대 사회에서 올바르다고 생각되는 과학상의 법칙이나 사실도 새로운 발견 등에 의해 오류였다고 판정받아 사회에서 사라지는 운명인 경우도 있다. 그래서 이 사라지는 운명과 같은 운명이 종교나 철학이다.

이성(理性) 편중

　　　　　　　　인간에게는 지(知)·정(情)·의(意)의 세 가지가 있으며, 이성적이지 않으면 안 될 때에는 감정을 생각해서는 안 된다. 반대로 감정을 존중할 때 이성적이면, 정서나 분위기를 망치게 되어 좋지 않다.

　또한, 강력한 의지가 필요로 할 경우에 쓸데없이 이성적으로 되어, 비판만 하고 있어도 조금도 앞으로 나갈 수 없다. 말하자면 지정의(知情意) 이 세 가지를 적절히 사용하지 않으면 안 되는 것이다.

　그러나, 과학 그 자체는 매우 이성적이다. 그래서 과학만이 이상한 발전을 이룰 때 인간은 이성적으로 되지 않고, 즉 냉정함을 잃게 되어, 인간의 감정이나 의지가 억압되는 결과를 낳게 된다. 이는 인간이 욕망(감정과 의지가 같이 된 것)의 배출구를 잃게 된 것이며, 현대인이 욕구불만에 시달리는 것은 여기서 온 것이다.

과학은 인간이 만든 것이지만, 인간 그 자체는 과학적이지 못하다. 자신이 제3자적 입장 즉, 방관자로 있는 한 만사 과학적으로 있을 수 있지만, 모든 것이 자기 자신의 일이 되면 아무리 냉정한 과학자라도 인간의 이성에는 반드시 감정이나 의지가 따라오게 되기 때문에 자기 자신에 대해서는 냉정하고 객관적·과학적으로 있을 수 없다.

또한, 인간은 아무리 제3자적 자세로 만족한다고 해도, 직접 행복과 연결되지 않을 것이다. 인간은 주체적인 감정이 평안하지 않으면 반드시 불행해진다.

현명한 사람이 외로운 생애로 끝낸 경우도 있으며, 사람들로부터 존경받지만, 누구로부터 사랑받지 못한 불행한 사람도 있다.

이와 같이 과학은 인간을 객관적 입장에 내몰아, 사실을 탐구하고, 사람들을 이성적 합리적으로 만들어, 정확한 추리나 계산을 통해 과학적 이론이나 가설을 세운다. 이러한 방법 태도로 추구된 인생관도 세계관도 또한 이성 편중이 되어, 이들 사상에 영향을 받은 인간 또한 원만한 인격을 갖추지 못하는 것은 필연일 것이다.

과학과 종교의 투쟁

　　　　　　　많은 인간은 '과학과 종교의 관계는 마치 상반된 것으로 생각한다. 근대 역사는 과학이 종교로부터(특히 서구에서는 기독교) 온 미신이고 여기서부터 오는 완고한 저항에 이겨, 하나하나 승리(라는 것은 종교는 패배하고 퇴보해 왔다)한 것으로 발전해왔다'라고 생각한다.

　그러나 코페르니쿠스, 케플러, 갈릴레오, 뉴턴도 열심히 신학이나 성경에 대해 발언하고, 기독교 신앙의 정통성 옹호를 위해 온 힘을 다했다.

　이는, 자연 우주는 '태초에 하나님이 하늘과 땅을 창조했다'라는 성경의 첫 구절과 같이 하나님의 작품이라고 당시(일부이지만 오늘날에도)의 서구 기독교 세계의 사람들은 믿었기 때문이다. 물론 성경은 하나님의 말씀으로 쓴 서적이기도 하지만, 이 성경과 마찬가지로 자연에도 하나님의 메시지가 적혀있다. 자연의 탐구는 즉, 하나님을 탐구하여, 하나님을 만나는 제2의 길이라고 그들은 믿고 있었다.

여기서 하나의 퀴즈를 내겠다. 정답을 찾아보라.

코페르니쿠스는 지동설을 주장했지만, 이 때문에 그는 당시 교회로부터 어떤 대우를 받았는가?

① 칭찬받았다. ② 탄압받았다. ③ 투옥되었다. ④ 사형선고 받았다.

정답은 놀랍게도 '① 칭찬받았다'였다.

보통 ① 이 외를 생각할 것이다. 코페르니쿠스는 가톨릭 사제이다. 당시 로마 교황은 코페르니쿠스의 주장에 흥미를 보이며, 빨리 출판할 것을 권유하며, 기대하였다.

이를 성경(여호수아기 10장 12절 이하 '태양이 멈추고, 달이 멈추었다')에 반한다고 매도한 것은 개신교의 루터였지 가톨릭 측이 아니었다.

그러면, 갈릴레오는 어땠는가?

갈릴레오 재판이란, 천문대화(1632년 출판)의 교황청의 이단 심문소에 고발당해, 심리 결과 단죄된 것을 말한다. 그러나 원래 사건의 발단은 신구(개신교와 가톨릭)교회의 대립에서 비롯된 것으로, 과학적 진리와 종교적 원리의 대립이 아니었다고 한다.

자연은 하나님이 창조한 것이기 때문에, 하나님이 정한 질서에 충실히 따른다. 여기에 다양한 해석은 필요치 않다. 즉, 자연에 쓰인 말씀 해석에는 논란의 여지가 없다.

한편, 성경 말씀은 다양한 해석을 허락한다. 이는 비유와 수사(修辭)가 있기 때문이다. 그러나 이 성경과 자연은 소위 같은 하나님이 쓴 글(자연은 숫자라는 언어로 쓴 하나님의 글이라고 갈릴레오는 주장)이다. 그렇기 때문에 양자에는 불일치가 없다. 만약에 있다고 하면 성경의 해석(당시 성경해석, 신학이란 그리스 철학이며, 성경과 별개)이 나빴다는 것 때문이다.

성경해석에 오류가 있을지 모르겠지만, 자연 탐구는 수학적으로 하기 때문에 이쪽이 정확하다고 생각하는 학자도 있었던 것이다. 무엇보다 자연은 하나님의 창조물이기 때문에 하나님이 정한 질서를 냉엄하게 따른다. 여기에 다양한 해석이 나올 수가 없다. 그러나 성경은 그렇지 못하고 다양한 해석이 있어 부정확하다.

이와 같이 당시 다수의 지식인은 신앙의 대상으로 자연을 보고 있었다. 그렇기 때문에 그들에게는 자연을 조사한다는 것은 성경을 조사하는 것과 같은 것으로 생각하고, 양자(과학적 진리와 종교적 원리)의 조화를 정답이라고 생각하고 있었다. 그렇기 때문에 이들이 대립하는 것이라고 전혀 생각하고 있지 않았다.

이러한 전통을 가진 서구 기독교 세계에서는 현대의 서구 신도들이나 학자들조차 중세나 근세 사람들과 똑같이 생각하는 사람들이 많았으며, 과학과 성경은 일치한다고 굳게 믿는 사람들이 많다.

그러나 이 책에서 몇 번이나 언급한 바와 같이, 지향하는 것이 다르기 때문에 일치할 수가 없다. 그래도 '양자는 일치한다'라고 말한다면, 일의 진상에 눈을 감는 위선자일 것이다. 또한, 목적과 수단을 혼돈하기 때문에 독재자나 국가주의자와 같은 인물들에게 이용당하게 되는 것이다.

또한, '창조론이 올바른가? 진화론이 올바른가?'의 논쟁은 다른 전문가가 상세히 설명하고 있으니 참고 바란다.

　나는 기독교 옹호자이기 때문에 창조론에 찬성한다. 그러나 진화론이 전부 틀렸다고는 생각하지 않는다. 왜냐하면, 자연의 진화를 주장하는 자의 설명 순서와 같이 아마 하나님이 이 자연을 창조하셨을 것으로 생각하기 때문이다.

마지막 창세기
1장부터 3장까지

하나님의 형태(향상, 발전)를 찾아서

고양이는 고양이 눈으로 세계를 보고, 그 나름의 인생을 체험하고, 고양이 나름대로 결론을 내고, 고양이라는 것을 자각하고 있다. 그리고 그것은 잘못된 판단을 하는 것은 아니다. 이것은 고양이 입장에서는 올바른 판단인 것이다. 이것은 쥐, 바퀴벌레도 마찬가지이다. 길가에 있는 돌도 잡초도 마찬가지이다. 고양이 입장에서 올바른 관점이나 삶이 있다고 하면, 그것이 그대로 쥐에게도 올바르다고 말할까? 이는 올바르지 못한 것이라 말할 것이다.

이것을 그대로 성인군자들이 생각한 '이것이야말로 진리'

라는 세계관이나 인생관에도 적용할 수 있을 것이다.

그러나 인간에는 향상, 발전이라는 것이 있다. 베풂(자선)을 받는 사람에서 베푸는 사람으로 바뀌지 않으면 안 된다. 미움을 받는 사람에서 사랑을 받는 사람으로 바뀌지 않으면 안 된다. 그러면 어떤 사람이 변해야 하는가? 이 이상적인 사람이란 무엇인가를 가르치고, 이 이상에 당도하는 길을 가르치고, 당도시켜야 한다. 이것이 종교이다(그러나 현실에는 이것이 꼭 발전, 향상이 아닌 퇴보 퇴행의 경우가 많아서 문제이다.).

원숭이와 인간의 차이

원숭이는 먹을 것(빵)만 있으면 살아갈 수 있다. 그러나 인간은 예수의 말처럼(마태복음 4장 4절) 빵 즉, 먹을 것만으로는 살아갈 수 없다. 종교를 가지는 것은 인간뿐일 것이다. 인간은 희망, 소원을 두지 않고서는 살아갈 수 없다. 그러면 종교란 이 인간의 희망이나 소원일 것이다.

인간은 '자신은 이렇게 존재하고 싶다'라는 이상을 구체적 형태로 만들고 싶어한다. 이것이 자신의 이익만을 추구하는 종교의 신의 형태이다. 자신의 소원하는 사람이 되는 것 즉, 이 도달 목표가 신이다. 그러면 신이란 인간의 소원 그 자체이다. 인간은 신(소원)을 그리거나 만든다. 그리고 신을 숭상하고 닮으려고 한다. 이것은 이미 자신의 소원을 달성한 위인이라도 좋고, 가공하는 허상의 인간이라도 좋다(예를 들어 아이돌 스타를 중국어에서는 '偶像星'라고 한다.). 여하튼 인간의 소원을 체험시켜주는 것, 실현시켜 줄 것 같은 사람(동물이나 생물)이 신인 것이다. 그리고 그 소원 달성을 초자연적인 무언가에 의존하여 실현하려고 할 때 종교가 된다.

고대에서도 인간이 먼저 처음으로 생활 수단으로 생각한 것은 토기일 것이다. 이 토기 제조 과정에서 신이 우주 자연을 창조한 것이라고 상상했을 것이다.

토기든 무엇이든 굳이 제조한 것에는 그 제조 목적이 있을 것이다. 그릇을 만든 것에는 물건을 넣는다는 목적이 있다(그 목적이나 동기는 만드는 측에 있으며, 만들어진 것에는 없다.). 즉, 넣는다는 목적에 맞게 그릇을 만든다. 그리고 이것이 도움이 되는 경우에는 '여기에는 가치가 있다'라고 생각되어, 만들어진 일이 '의미'가 있는 것이 된다.

반대로, 잘못 만들어져서 용기라는 목적에 부합되지 않으면 그 가치는 없고, 만든 의미가 없어서 버림을 받게 된다.

이와 같이 제작자는 제작한 것에 대해 절대적이고, 그 물건에 대해 생사 여부권을 가진다. 이러한 의미에서 우주 자연은 '태초에 하나님이 천지를 창조하셨다'(창세기 1장 1절)라는 말씀과 같이 하나님의 손에 의해 만들어진 '땅의 작품'이라고 말할 수 있겠다.

그러므로 세계는 하나님의 목적하에 창조되었으며, 존립하고 있는 것이다. 그래서 만약 창조자 의도에 반하는 '가치가 없는 것'이면 재빠르게 버려지고, 파괴되어도 불만을 가질 수가 없다. 이러한 의미에서 세계 즉, 우주 자연은 하나님의 몸이나, 그 일부도 아니다. 물론 하나님 자신이라는 것은 절대 있을 수 없다. 그래서 자연이 하나님의 작품이기 때문에 자연에는 인간에 대한 전언이 있을 것이라는 주장에는 찬성할 수 있다. 그러나 자연은 하나님의 말씀이 아니기 때문에 자연에서는 하나님의 생각이나 모습을 알 수 없다. 도자기와 같이 흙의 혼에서, 이것을 만든 인간이라는 존재를 상상할 수 없을 것이다.

어른들의 장난감

옛날이나 지금이나 용기와 같은 생활 도구나 수단으로 이용하는 것을 만들 때 관상용, 위로용이라는 것이 있을 것이다. 아이들은 장난감을 좋아하고, 어른들도 이와 유사한 것이 있다. 우상을 만들고 숭상하는 '우상 숭배'가 대표적일 것이다.

인간이 신을 상상하여 창조할 때 당연히 자신이 이상으로 생각하는 모습을 만들고, 참으로 의지가 되는 신이라고 숭상할 것이다. 아이러니하게도 이러한 인간의 행위와 같이 신은 사람의 모습을 빌려 만들어진다.

하나님은 말씀하시기를 '우리가 우리의 형상을 따라서, 우리의 모양대로 사람을 만들자. 그리고 그가 바다의 고기와 공중의 새와 땅 위에 사는 온갖 들짐승과 땅 위를 기어 다니는 모든 길짐승을 다스리게 하자' 하시고 하나님이 당신의 형상대로 사람을 창조하셨으니, 곧 하나님의 형상대로 사람을 창조하셨다(창세기 1장 26, 27절).

여기서 '하나님은 당신의 형상대로 사람을 창조하셨으니'라는 구절이 있다. 그러나 인간 세상에서는, 이 반대로 신을 자신들의 모습으로 인간이 창조한다. 존재하지도 않는 신을 공상(空想)하고, 이를 그림이나 형상을 만들어 숭상한다. 그러나 이것을 자세히 보면 신이라고 불릴 정도로 숭고한 존재가 아니며, 그냥 자신이 되고 싶은 이상을 형상화한 것에 불과하다. 나쁘게 말하자면 '욕심의 구현'에 불과한 것이다. 이러한 형상은 공상에는 존재해도 실체는 없다. 그래서 이를 우상(偶像)이라고 부른다. 창세기 2장 7절에 '하나님이 땅의 흙으로 사람을 지으시고'의 반대가 우상 숭배이며, 고금동서

'인간이 신을 만든다'가 넘쳐났다. 인간의 '존재해야 하는 모습'(신의 모습)을 신이 아닌 인간(옛날은 왕이, 지금은 각자 개인이)이 정해 온 것이다.

하나님이 인간을 창조했지만, 인간이 신을 만든다. 이는 정말 반대 현상이다. 이렇게 반대되는 일을 해도 인간이 신의 형상을 공상할 때 종교가 생기는 것이다. 즉, 인간은 신의 형상이지만, 동시에 신의 형상은 인간의 형상으로, 인간의 꿈, 소망, 이상인 것이다. 이렇게 되고 싶다는 자신의 이상을 생각할 때 종교가 생긴다.

그러면 인간의 신체란 도대체 무엇인가? 생명이란 무엇인가? 영혼이란 무엇인가? 이에 대한 대답은 다음의 구약성경에 나와 있다.

> 주 하나님이 땅의 흙으로 사람을 지으시고 그의 코에 생명의 기운을 불어넣으시니, 사람의 생명체가 되었다(창세기 2장 7절).

여기에는 비유가 존재한다. 도공은 창조주인 하나님의 작품이며, 그릇은 도공이 만든 작품이다. 재료는 땅의 흙, 즉 자연에서 채취한 것이다.

인간 생명의 실체란, 하나님의 입김, 즉 하나님의 영(靈)이며, 신체는 단순히 영을 담는 용기에 불과하다.

'신체는 빈 껍데기다'

그렇기 때문에 땅의 흙인 신체는 생명 그 자체거나 생명의 일부분도 아니다. 또한, 신체의 연장 선상에 생명이 있는 것도 아니다. 양자는 같은 것에 있지만 전혀 다른 것이다. 그렇기 때문에 인간의 신체를 아무리 조사해도 생명이 무엇인지 전혀 모르는 것이다.

신체는 빈껍데기이다. 속에 아무것도 없기 때문에 영(靈 : 생명의 실체)을 넣을 수 있다. 속이 비어 있기 때문에 아무거나 넣을 수 있다. 그렇기 때문에 당연히 용기로부터는 내용물을 추측할 수가 없다. 겉에서 지갑만 보면 그 속에 돈이 얼마 들었는지 알 수 없다. 집 밖에서는 안에 어떤 사람이 살고 있는지 알지 못한다. 그래도 신체를 조사하여 인간을 알려고 하는 시도가 끊임없다. 이와 마찬가지로 사실의 축적(땅의 흙)이 사물의 생명(진리, 목적, 의미, 가치)을 낳는 것은 아니다.

이와 같이 용기와 내용물은 다른 것이다. 정리하자면,

1. 용기로는 내용물을 판단할 수 없다. 용기를 아무리 조사해도 내용물은 알 수 없다.

2. 용기가 변형하고 성장한다고 해도, 그 내용물이 성장한다고는 단언할 수 없다.

3. 중요한 것은 내용물이지 용기가 아니다.

물건을 만들 때는 만드는 목적이 있다. 이 목적에 맞는 재료를 모으고, 목적에 맞는 형태로 만들어 간다. 흙덩어리가 자동적으로 도자기 형태가 되는 것이 아니다. 도공이 목적에 맞게 형태를 정하는 것이다. 마음에 안 들면 무가치, 무의미하다고 버린다. 의자를 만드는 가구장인은 나무라는 재료를 수단으로 사람이 앉는다는 목적으로 의자를 만든다. 이 경우 어떤 형태의 도자기가 되는지는 재료인 흙이 정하는 것이 아니다. 의자도 마찬가지로 재료인 나무가 어떤 형태가 되는지 정하지는 못한다.

또한 '나(자신)'의 몸은 내 것이 아니다. 즉, A 씨라고 하면, A 씨의 모습이나 몸을 연상하지만, A 씨 그 자체는 아니다(보통, 자신의 몸이야말로 자신의 것으로 생각하기 쉽지만, 결코 자신의 것이 아니다.

몸뿐만이 아니라 자신의 생명조차 자신의 것이 아니다. 자신의 것이라고 할 수 있는 것은 자신의 '마음'뿐이다.).

무엇보다 자기의 생명은 하나님으로부터 빌린 것이다. 자신의 소유물이 아니다. 당연히 자신의 몸은 그 빌린 것의 용기에 불과하다. 사람이 죽으면 신체라는 거주지를 잃기 때문에, 영혼은 이를 주신 하나님 곁으로 돌아간다. 한편, 영혼이라는 내용물을 잃은 용기는 썩어 원래의 흙으로 돌아간다.

> 육체가 원래 왔던 흙으로 돌아가고, **숨이 그것**을 주신 하나님께로 돌아가기 전에 네 창조주를 기억하여라(전도서 12장 7절)

그렇기 때문에 죽은 자의 몸은 영혼이 빠진 빈 껍질이다. 그냥 흙으로 빚은 빈 그릇에 불과하다.

창세기 2장 7절에는 인간과 하나님, 자연과 생명의 관계가 전부 적혀있다. 인간의 구성 부분의 차이에 따라 각각 키울 필요가 있다. 흙으로 만들어진 몸은 흙을 먹고 성장한 땅의 산물을 먹어야만 살 수 있으며, 성장할 수 있다. 생명은 이를 준 하나님의 입김을 끊임없이 먹어야만 살 수 있다. 하나님의 모습으로 바뀌게 하는 것은 하나님의 말씀인 것이다.

인간이 만들어진 목적은 다음과 같다.

1. 인간은 하나님을 닮도록
2. 땅과 자연을 하나님 대신하여 지배하도록 인간의 신체는 '땅의 그릇'으로
   A. 그 소재는 땅의 흙
   B. 그 형태는 하나님의 닮은 모습
   C. 생명은 하나님의 입김

이른바, 소재를 어떤 형태로 만들지는 만드는 쪽이 결정하는 일이다. 도자기가 완성되기까지는 먼저, 도공이 땅의 흙을 모으고, 물로 반죽을 만들고, 목적에 맞는 모양으로 만든다. 흙이 자기 멋대로 모이고, 멋대로 모인 흙이 스스로 형태를 정하고, 존재 목적을 정한 것이 아니다.

그러나, '사실'이 모이면 진리(생명)를 만든다고 생각한다. 이렇게 생각하면서 세월을 보내는 것이 최선의 삶이라고 생

각하게 된다.

그리고 흙은 땅의 흙에서 양식을 얻어, 그 육체를 유지, 성장하는 것 같이 영(靈) 또한 주는 쪽에서 양식을 얻어 성장한다. 또한, 형태는 하나님 혹은 하나님의 아들 모습을 닮았기 때문에, 성장을 위해 이들의 말씀을 필요로 한다. 그렇기 때문에

'사람이 빵으로만 살 것이 아니라, 하나님의 입에서 나오는 모든 말씀으로 살 것이다'(마태복음 4장 4절)

라고 예수가 말했다. 과학은 생물로서 인간이나 인간의 신체를 본다. 그러나 태어난 지 얼마 안 된 사람은 아직 완전한 인간이 아니다. 인간은 사회적 동물이기 때문에 신체뿐만이 아니라 마음도 성장하여 사람들 사이에서 살아가는 인간이 되지 않으면 안 된다. 이러한 인간을 인간으로 문제시하지 않는 한, 인간 문제를 해결하지 못할 것이다.

이러한 빵, 즉 의식주를 얻어 인간이 되는 수단이야말로

과학의 역할이며, 나아가 살아가는 의미를 얻어서 인간이 되는 수단이 하나님의 말씀을 얻는 일이고, 이것이야말로 종교의 역할일 것이다.

인형과 인간의 차이

예쁜 어린 소녀가 귀여운 인형과 함께 자고 있다. 둘 다 아름다운 모습을 하고 있어 사람인지 인형인지 구분하기 어렵다. 그러나 여기에는 큰 차이가 있다는 것을 누구라도 알 것이다. 하나는 생명을 가졌으며, 또 다른 하나는 생명이 없다는 것이다.

이러한 생명의 유무의 기본적인 차이는 무엇일까?(여기에는 목적의 유무, 성장의 유무, 유사(類似)의 유무, 사랑의 유무 등을 먼저 생각할 수 있다.)

소녀는 인간에게서 태어났으며, 인형은 인간이 만든 물건이다. 특히, 전자는 하나님의 창조물(과학에서는 진화론을 말하기 때문에, 자연의 창조물)이 될 것이다.

소녀는 사랑의 대상이며, 인형은 타산의 대상이다. 소녀
는 목적이 있어 태어났고, 인형은 목적에 따라 만들어진 것
이다. 전자는 가족이고 자신의 받은 몸이지만, 후자는 타인
으로 거래, 손과 득이 생기는 대상이다. 또한, 후자는 더럽고
고장이 나거나 지겨우면 버려도 무방하다. 그러나 전자는
그렇게 하지 못한다는 점이다.

이러한 가족의 일을 다루는 것이 종교이다. 타인으로 이
해타산의 대상이 되는 것이 과학이라고 할 수 있겠다.

위에서 전자는 인간에서 태어났으며, 후자는 인간이 만
든 것이라고 말했지만, 그러면 우주 자연이나 그 속에서 살
아가는 인간은 어떨까? 이들도 하나님이 낳은 것으로 볼
것인지, 아니면 인간이 만든 것으로 볼 것인가? 혹은 하나
님의 신체, 하나님 그 자체로 볼 것인가에 큰 차이가 있다
는 것은 당연할 것이다.

무엇보다 소녀와 인형은 전혀 다르기 때문이다. 이와 같
이 어느 종교나 마찬가지라는 견해는 잘못된 것으로 생각한
다. 기독교와 불교의 차이를 명확히 하지 않으면, 이해 불가

능이 된다. 양자는 크게 같다는 생각도 있겠지만, 그러면 어떻게 다르고 같은지를 명확히 파악하지 않으면 진리를 알 수 없다. 그렇기 때문에 우주, 자연을 어떻게 보느냐에 따라 서로 다른 세계관과 인생관이 생긴다.

벗은 몸이 부끄럽다는 것은

에덴동산 중앙에 '생명 나무'와 '선악과나무(선과 악을 알게 하는 나무)'가 있었다. 뱀은 자주 선악과를 먹을 것을 권했다.

뱀이 여자에게 말했다. '하나님이 정말로 너희에게 동산 안에 있는 모든 나무의 열매를 먹지 말라고 말씀하셨느냐?' (후략) 뱀이 여자에게 말했다. '너희는 절대로 죽지 않는다. 하나님은 너희가 그 나무 열매를 먹으면, 너희의 눈이 밝아지고, 하나님처럼 되어서 선과 악을 알게 된다는 것을 아시고, 그렇게 말씀하신 것이다.'

여자가 그 나무의 열매를 따서 먹고, 함께 있는 남편에게도 주니 그도 그것을 먹었다. 그러자 두 사람의 눈이 밝아져서 자기들이 벗은 몸인 것을 알고, 무화과나무 잎으로 치마를 엮어서 몸을 가렸다(창세기 3장 1절부터 7절).

이 두 사람은 선악과를 먹기 전까지는 벌거벗고 있어도 부끄럽지 않고 괜찮았으나, 먹고 난 후부터는 부끄럽게 생각하게 되었다. 존재하는 그대로의 모습이 부끄러운 존재라고 생각하게 된다. 그래서 옷을 만들고, 옷을 입어 수치심을 가리려고 했다. 나아가 하나님으로부터 도망가려고 했다. 여기서부터 오늘날까지 인간의 불행이 시작된다. 모든 인간의 불행은 여기에 원인이 있다.

하나님의 계명을 무시하고, 악마의 목소리를 따른다. 그래서 저주를 받게 되었다는 것이 보통적인 생각이지만, 여기서 조금 다른 관점에서 살펴보겠다.

1. 선을 행하는 사람인지, 악을 행하는 사람인지 인간은 알 수 있다.

2. 사람을 사람과 비교한다.

3. 내면에 있어서 아무 생각 없이 살아가는 사람, 생각하면서 살아가는 사람, 외면적으로는 자타가 알 수 있고 판단하지만 방관하고 살아간다.

선악과를 먹는다는 것은, 먼저 상대를 인정하고 사랑하기 때문에 불신이나 의심, 증오나 상대를 거부하는 마음이 생겼다는 것이 된다. 이는 지금 눈앞에 있는 인간(혹은 세상)으로는 불만이고, 자신(현세)과 다른 지금보다 더 좋은 무언가를 요구하고 있다는 일이기도 하다.

또한, 서로 상대의 '선악'을 알게 되었다는 것은, 지금까지와는 다른 '인간을 판단하는 기준'이 생겼다는 것이기도 하다. 대부분은 먼저 인간이 공동생활하는 동료나, 공동생활을 존속시키기 위해 '계명을 지키는 사람'의 요청일 것이다. 지키는 인간은 좋은 사람이고 지키지 않는 인간은 나쁜 사람인 것이다. 그러면 이 선악의 척도(기준)는 어디에서 오는 것인가?

이는 대체로 그 땅의 지배자, 혹은 그 땅에서 과반수를 차지하는 많은 사람의 생각이나 행동에서 온 것이다. 또한, 그

곳에서 제일 오랫동안 있었던 주인에게서 오는 전통이다. 대부분은 전통이야말로 선악의 기준이 되고 있다.

또한, 인간과 인간을 비교함에 따라 서로 심판을 하게 되었다는 것을 의미한다.

그리고 두 사람이 벌거벗었다는 것을 서로 알게 되었다는 것은 서로가 방관자(제3자)가 되었다는 것이기도 하다. 이는 큰 뱀(大蛇)의 허울을 보고 있는 사람이 되었다는 것이다. 여기서 알 수 있는 것은 분명 하나님과 같이 현명해졌지만, 인간은 인간일 뿐으로 하나님의 눈을 본 인간은 자신의 부끄러운 부분을 감추지 못하는 약하고 불쌍한 땅의 흙과 비슷한 존재밖에 되지 못한다는 것이다.

나아가 제3자이기 때문에 세상만사가 자신의 일이라고 생각되지 않아 아무렇지도 않게 냉정한 비판만 할 뿐이다. 후술하는 바와 같이 율법주의자가 되는 것이다. 그러나 당사자가 되면 냉정하지 않으며, 냉혹하게 보지 않을 것이다. 또한, 배려심이 있고 마음이 착한 사람은 상대방의 마음을 헤아려, 죄에 대해 엄격히 단죄하는 계율주의자나 도덕가(道德家 : 윤리 도덕 실천 이 사람을 구원할 수 있다고 생각하는 사람들)처럼 되지 못한다.

즉, 그냥 보기만 하면서 타인의 일을 비판하는 사람은 뱀에 속아 선악과를 먹게 한 사람인 것이다. 이제 그들에게는 낙원에서 살 자격은 없다. 거기서 나와야 할 것이다.

또한 '선악과를 먹는다'라는 것은 존재해야 할 모습을 알게 되었다는 것이다. 지금 존재하는 모습이 다른 '존재해야 하는 모습'에서 보면 '존재해야 할 모습'이 아니라고 느끼게 된 것이다. 그렇기 때문에 인간의 삶의 의미라든지 인생의 목적 등을 생각하여 '내 인생은 살아가는 가치가 없다'라고 자살까지 가는 사람이 있기 때문에 애초부터 삶의 의미나 목적 등을 생각하지 않는 것이 좋다는 것이 범신론의 생각이다.

뱀은 대지의 정령으로 농경사회의 사람들의 신이다. 오랫동안 특정 지역의 지배자로 항상 '권력자에게는 적대시 않고 따르는 것이 좋다'고 말하는 것이 입버릇이며, 신조이다. 토지를 신으로 하는 민간 신앙은 토지에 계속 사는 것을 신으로 생각하는 경향이 있으며, 쉽게 이를 종교화시킨다. 전통에 따라, '로마에 가면 로마법에 따라야 한다, 모두가 같아야 한다'가 이에 해당한다. 지박령(地縛靈)도 뱀의 상징일 것이다. 일본의 신은 이 땅에 있는 모든 것을 신으로 하는 경우가 매우 많다.

인과응보, 선행에 대한 보답이 행복이다. 악행의 보답이 불행이다. 선악을 잘 구별하여, 올바르게 살아 악을 피해라는 것이 동서고금 성인군자들의 일치된 가르침이다. 예를 들어, 석가는 팔정도(八正道)의 실천에 의한 구원을 말했다. 이것은 부모, 교사, 상사, 선배, 친구 모두 일치된 교훈이다. 또한, 성경에서는 율법에 따른 구원을 상징하고 있다. 그러나 단지 선악만을 알 뿐이며, 죄의 인식(로마서 3장 20절, 5장 13절), 죄에 대한 고통이 있을 뿐 아직 이에 대한 용서, 즉 구원이 완료된 것은 아니다.

다른 한편으로 생각되는 것은, 여기에 뱀이 가지고 온 별도 선악의 기준이 생겼다는 것이다. 하나님의 기준에서 보면 '하나님이 손수 만드신 모든 것을 보시니 보시기에 참 좋았다'(창세기 1장 31절)와 같이 존재해야 하는 진리이지만, 별도(땅의 신인 뱀)의 존재해야 하는 모습에서 보면 이는 존재해야 하는 진리의 모습이 아니다.

지혜의 나무 열매는 어떤 열매?

아담과 이브 두 사람은 뱀의 유혹에 빠져 선악과를 먹었다. 그래서 낙원에서 쫓겨났다. 지금까지 행복했던 인간이 불행하게 된 것이다.

그러면 어떻게 낙원에서 추방되었는가? 축복받은 인간이 어떻게 저주받게 되었는가? 이를 아는 것이 구원받음에 필요한 것이다. 구원은 에덴동산에 돌아가는 것이기 때문이다. 이 추방된 원인을 반대하면 되는 것이다.

땅의 흙을 먹는 뱀의 목적은 인간의 육체(이는 땅의 흙으로 되어 있다)를 먹음으로 인간의 전부(마음과 영)를 먹을 수 있다고 생각한 것이다.

여기서 자신의 생각이나 의지에 따라 살아가는 것이 아니라, 하나님의 뜻에 따라 살아가야 한다는 과제를 제공하고 있다. 그러나 이를 지키지 않고 악마의 목소리를 따른다. 그 결과 낙원 추방이라는 불행을 짊어지게 된 것이다.

'신에 대한 순종을 버릴 때 신과의 인격적 교제의 즐거움을 잃게 된다. 동물적으로 살아갈 수 있어도 인간다운 존엄을 가진 삶은 포기해야 할 것이다. 인격적 생명은 끝난 것이다. 그러면 이 나무가 왜 선과 악을 알게 되는 나무라고 불렸는가? 이는 피조물에 불과한 인간이, 창조물에 대해 순종하는 것이야말로 선(善 : 행복)이고, 반대는 악(惡 : 불행)이라고 생각되었기 때문일 것이다'라는 것이 지식인들의 주장이다.

먼저 신을 버리면 인간은 완전히 죽는 것이다. 동물적으로도 살아갈 수 없다. 그러나 아담과 이브는 금단의 지혜의 근본이 되는 선악과를 먹었으나 죽지 않은 이유는 무엇일까? 라고 되물을 수 있을 것이다.

또한, 이 금단의 열매가 선악을 알게 하는 나무라고 불리게 된 것은 이것이 선악을 가르치는 계명이었기 때문이다. 뱀이 말한 내용은 동서고금 모두 같다.

뱀은 국가나 학교에서는 '정해진 규칙을 지키라', 가정이나 친구들 사이에서는 '윤리 도덕을 실천해라'라고 말한다. 악마는 꼭 선악을 분별하여, 선행을 하고, 악행을 피하고 덕을 쌓는 노력에 의한 사면(赦免)을 언급하여, 이를 인간에게 주는 방법을 취한다. 그러나 선행이랑, 뱀 입장에서는 편리한 것이 선이고, 불편한 것이 악인 것이다. 즉 뱀을 행복하게 하는 것이 선행이고, 뱀을 불행하게 하는 것이 악행인 것이다. 그러면 뱀의 정체란 무엇인가?

이 땅의 주인으로 옛날부터 있었으며, 거만하고, 항상 권력자에게는 적대시 않고 따르는 자이다. 그리고 인간의 내용, 본질을 보는 것이 아닌 허물만 보기 때문에 대사(大蛇)라고 불리는 것이다. 그러나 대사에 속는 것은 대사이다.

인간이 지혜와 힘으로 행복해지고 선을 행하고 불행하게 되는 악을 피할 수 있다면 신이란 존재는 필요 없으며 이브의 도움도 필요 없을 것이다.

그러나 뱀은 인간을 오만하게 만들고, 허상을 만들고, 거만한 얼굴을 한다. 그것이 '하나님은 너희가 그 나무 열매를 먹으면, 너희의 눈이 밝아지고, 하나님처럼 되어서 선과 악을 알게 된다는 것을 아시고 그렇게 말씀하신 것이다'(창세기 3장 5절)라는 뱀의 유혹에도 나타나고 있다. 깨달은 사람, 신처럼 된 사람, 선악을 구분하는 완전한 인간 등은 악마가 좋아하는 사람인 것이다.

악마란 원래 하나님 곁에 있던 천사였지만, 자신의 미모와 지혜, 완벽성으로 인해 스스로 하나님과 같다고 오만한 생각을 가져, 결국은 하나님의 노여움을 받아 지옥으로 떨어진 자이다. 이 타락 천사가 지옥에 떨어지기 전에 에덴동산에 와서 인간을 지옥으로 유도하려고 아담과 이브를 유혹한 것이다. 그리고 결국 뱀의 유혹에 빠지게 된다. 이러한 사실을 숨기려고 만든 헛된 잔꾀가 무화과나무의 치마이다. 위장하고 자신을 속인다. 이러한 것이 제일 나쁜 것이다. 인간은 성장함에 따라 점점 거짓된 인간이 된다.

또한 '남자와 그 아내가 둘 다 벌거벗고 있었으나 부끄러워하지 않았다(창세기 2장 25절)'라는 것은 어린아이와 같이 자연상태로 자신을 숨기지 않았음을 말한다.

'너희가 돌이켜서 어린이들과 같이 되지 않으면

절대로 하늘나라에 들어가지 못할 것이다'(마태복
음 18장 3절).

어린아이들은 솔직하고 순진무구하다. 솔직히 감정을 그
대로 나타내고 자신을 숨기지 않고, 속이지 않는다. 천진난
만하고 신경 쓰는 것이 없다. 자유롭고 영혼이 해방되어 있
다. 사람들 눈을 의식하지 않는다. 이 어린아이와 같이 되면,
구원받는 것이고 구원받기 위해서 필요한 것이다. 또한, 구
원받은 결과이기도 하다. 물론 이것이 미숙하다는 것이 아
니다.

생명 나무와 선악과나무

에덴동산에는 생명과 관련된 소중한 두 나무가 있다. 이것은 다음과 같은 의미를 가진다. 아래를 대비해서 정리해보자.

생명 나무	예수	사랑	관용	용서	삶	기독교	이것을 먹으면 인간은 살 수 있다.	살아가는 본인, 당사자 입장에 있을 때
선악과 나무	모세	의(義) 성(聖)	분노	심판	죽음	유대교	이것을 먹으면 인간은 죽는다. 죽어야 하는 인간이라는 것을 알고 죽는다	그냥 방관자가 되어 살아간다. 모든 인간을 심판한다. 혹은 이것저것 비판하는 입장에 있다.

이것은 요한복음 1장 17절, 18절에 따르면, 모세와 예수를 상징하고 있다는 것은 명백하다. 설명하자면, 먹는다는 것은 삼키는 것으로 정복을 뜻한다. 그렇기 때문에 '먹지 말라'라는 것은 하나님의 것을 자신의 것으로 만들지 말라는 의미가 있을 것이다. 선악을 결정할 수 있는 것은 하나님뿐이다. 그렇지만 인간이 선악을 멋대로 정한다는 것이 죄가 된다는 것이다.

또한, 뱀의 종교는 다음과 같은 성격을 가지고 있다.

1. 지연 혈연과 연결되어 있다.
2. 선행을 쌓는 것이 구원이다.
3. 숙명, 운명으로 인생과 사회를 생각하려고 한다.
4. 전통, 풍속을 진리 혹은 선악의 기준으로 삼는다.
5. 다수가 찬성하는 것을 진리라고 한다.
6. 자연 및 자연계에 존재하는 것을 신으로 숭상하게 한다.

결 론

너희는 먼저 하나님의 나라와 하나님의 의의를 구하여라. 그리하면 이 모든 것을 너희에게 더 하여 주실 것이다(마태복음 6장 33절).

이 전자(하나님의 나라와 하나님의 의의)가 종교이고, 후자(모든 것을)의 생활 수단을 생각하는 것이 과학의 역할인 것이다.

말씀드리고 싶은 것은 본론에서 논한 것은 과학과 종교가 본질적으로 틀린 것을 논했다 해결하기 힘든 상관관계라 독자 여러분은 이해하셨는지? 과학의 탐구나 성서의 탐구는 다 하나님이 만든 작품이기 때문이다. 당연히 같은 결론이

나온다. 그렇지만 사람들의 생각과 주장에 따라 상당한 차가 생긴 것이다. 같은 사람끼리라도 건강의 상태라든가 심경에 따라 생각이 달라지는 것처럼 이 책을 읽고 의문이 생기는 사람, 이해하지 못하는 사람, 시시각각 다른 것이 사실이다. 이 책은 과학이 결국 하나님의 섭리에 있다는 것을 알리고자 한다. 본론은 수년 전에 필자가 적어 놓은 원고를 올해에 책을 펴낸 것이다.

세계적으로 명성이 높았던 유명한 후쿠쟈와 유끼치는 『학문學問의 진보進步』(學問의 스스메)란 책을 펴내어 대단히 인기가 있어 명치 정부는 국정 교과서로 채택되기도 했다. 문장 첫머리에 「하느님은 사람 위에 사람을 만들지 말고 사람 밑에 사람을 만들지 말라」라는 유명한 말이 있다. 후쿠쟈와 자신도 상당한 지식을 가지고 하나님의 존재를 알고 일찍 서구인들을 접촉하여 일본에 신문명을 전파한 자였다. 신新학의 아버지라고 부르고 있다. 그가 사람 위에 사람이 없고 사람 밑에 사람이 없다는 사상을 가지고 신학문을 가르치는 게오대학을 세워 많은 정치인, 경제인, 사상가를 배출시켰다. 지금도 일본의 사립대학으로 유명하다.

사람 위에 사람 없고 사람 밑에 사람이 없다는 것은 옛것을 버리고 새로운 새 옷을 입고 전진하자는 것이다. 다시 말해서 구시대 에도의 체제를 버리는 것이다. 그는 성서에 나온 하나님의 창조 원리를 알고 했던 말이다. 하나님은 인간을 만들 때 가진 자와 가지지 않은 자를 구별해서 만들지 않았다. 배운 자와 안 배운 자를 구별하지 않았고 장애인과 건강한 자를 구별하여 만들지 않았다.

살아감에 인간이 생활환경에 따라 욕심이 생기고 부를 축적하여 차별이 생긴 것이다. 인간의 생활환경에 따라 상·하의 구별이 생김으로 빈부의 차가 생겼다. 가진 자는 더 가지고 가지지 않은 자는 구속받고 사는 것이다.

가진 자는 지식을 지배하는 만능 과학 문명의 시대로 돌진했다. 과학자가 만든 기계 문명 속에 인간을 기계화, 기계에 구속하는 시대로 변했다.

본론에서도 말했지만, 과학이 극도로 발전하여 인간지능의 발달은 인간이 상상할 수 없을 정도 발전해간다. 지금까지 많은 발전을 독자들이 체험하고 있지만, 자동차도 인간이 운전을 하지 않아도 목적지까지 무사히 간다. 사고도 적다. 이보다 더욱 놀랄 과학이 발전할 것이다. 그러나 과학이란 엄청난 기계가 작동하고, 인간이 과학의 노예가 된다고 한탄하지만, 결코 그런 것이 아니다. 과학 위에 인간이 있다. 무인으로 운전해 가지만 인간이 목적지를 정해 놓고 간다. 거기까지 운전대가 마음대로 목적지를 정해 가지는 않는다. 또는 인간이 인간을 만드는 시대이지만 인간의 씨는 만들지 못한다. 인간의 씨는 하나님이 만든다.

　끝으로 한마디를 더 붙이자면 과학시대이지만 과학 위에는 인간이고 인간 위에는 조물주가 과학을 움직이고 있다는 것이다.

과학과 종교

초판인쇄 2020년 8월 6일 인쇄
초판발행 2020년 8월 13일 발행

지은이 나이토 마사도시
옮긴이 김   현
펴낸이 서영애
펴낸곳 대양미디어

등록일 2004년 11월 8일(제2-4058호)
서울시 중구 퇴계로45길 22-6(일호빌딩) 602호
전   화 (02)2276-0078
E-mail : dymedia@hanmail.net

값 12,000원
ISBN 979-11-6072-065-5 03200